“我是小小集邮家”丛书

认识邮票中的社会建设成就 1

谢宇　主编

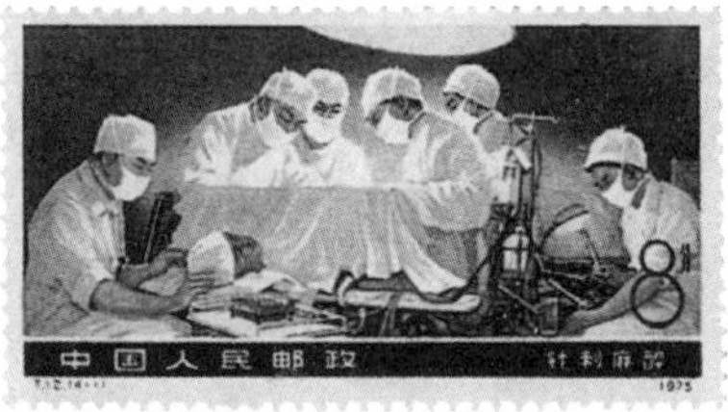

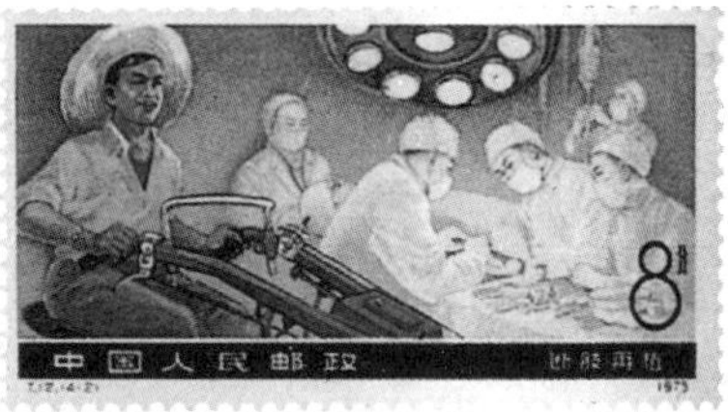

花山文艺出版社
河北·石家庄

图书在版编目（CIP）数据

认识邮票中的社会建设成就. 1/ 谢宇主编. -- 石家庄 ： 花山文艺出版社，2013.4（2022.3重印）
（我是小小集邮家丛书）
ISBN 978-7-5511-1130-0

Ⅰ. ①认… Ⅱ. ①谢… Ⅲ. ①邮票－中国－图集②社会主义建设成就－中国－青年读物 Ⅳ. ①G894.1②D619-49

中国版本图书馆CIP数据核字(2013)第128584号

丛 书 名：“我是小小集邮家”丛书
书　　名：认识邮票中的社会建设成就 1
主　　编：谢　宇

责任编辑：冯　锦
封面设计：慧敏书装
美术编辑：胡彤亮
出版发行：花山文艺出版社（邮政编码：050061）
（河北省石家庄市友谊北大街 330号）
销售热线：0311-88643221
传　　真：0311-88643234
印　　刷：北京一鑫印务有限责任公司
经　　销：新华书店
开　　本：880×1230　1/16
印　　张：10
字　　数：160千字
版　　次：2013年7月第1版
2022年3月第2次印刷
书　　号：ISBN 978-7-5511-1130-0
定　　价：38.00元

“我是小小集邮家”丛书

分册书名

1.认识邮票中的建筑艺术
2.认识邮票中的军事故事
3.认识邮票中的体育竞技
4.认识邮票中的文学与生肖故事
5.认识邮票中的植物世界
6.认识邮票中的动物世界
7.认识邮票中的名胜古迹（1、2）
8.认识邮票中的社会建设成就（1、2）
9.认识邮票中的艺术世界（1、2）
10.认识邮票中的民俗与节日（1、2、3）
11.认识邮票中的古今人物（1、2、3）

编 委 会

前言

新中国的邮票从1949年开始发行，基本都以建筑、自然风光、动植物为图案，其种类主要有普通邮票、纪念邮票、特种邮票等。纪念邮票是从1949年10月8日开始发行，新中国的纪念邮票多以重大的政治事件、庆典和节日为内容，对一些革命人物、文化名人以及重要的国际活动也发行过纪念邮票；特种邮票的题材非常广泛，包括了经济、社会建设、文化艺术、珍禽异兽、奇花异草、山水风光等。

“我是小小集邮家”丛书收录了从中华人民共和国成立到2010年，新中国所发行的各类邮票品种，以全新的分类方式，全方位展现给广大读者朋友，并依照邮票的志号（及时间先后）顺序，系统介绍了从1949年到2010年我国发行的每套邮票的时代背景、每一枚邮票的图案内容及主题和所涉及的相关知识、对邮票图案艺术设计特点的研究和鉴赏等。内容分为：风景名胜类、建筑类、人物类、动物类、植物类、艺术类、文学类、体育类、军事类等。全书对各类邮票采用简短、浅显易懂的文字进行介绍，通过图文混排的形式把它们全方位、多角度地展现在读者面前，使读者更加深刻地了解中国邮票艺术的发展历程、时代特征及收藏价值。

丛书在邮票发行背景的介绍中，力求真实、客观，以历史的本来面目记述事件与人物的真相。同样，邮票图案的设计也不是随心所欲的，它要与立题密切配合，相互依衬、相互烘托。因此，丛书在邮票图案内容的介绍中，既突出主题，又兼顾相关，使介绍的对象生动、跃然。全书语言生动，文笔优美，图片清晰，具有较高的趣味性和较强的可读性，是广大集邮爱好者学习集邮、鉴赏邮票必读的普及性读物。

本丛书在编写过程中，得到了国内许多集邮爱好者的关心和支持（由于人员太多，请恕我们不能一一列举），特别是天津科技翻译出版公司各级领导和各位老师的悉心指导和帮助，在本丛书即将付印之际，特向相关人员表示诚挚的谢意。需要特别声明的是：本丛书只是丛书编委会人员就新中国邮票这一领域的首次大胆尝试，真心希望本丛书能够起到抛砖引玉的作用，希望在这一领域能够不断涌现出更多、更好、更能适合读者阅读的好图书。

另外，由于编写人员知识水平有限及编写时间仓促，尽管我们尽最大努力想把每一部分内容都能够做得更完美，但还是由于各方面的原因，仍有不尽如人意之处。在这里我们热诚希望广大读者朋友就书中的错谬之处大胆批评指正。读者交流邮箱：228424497@qq.com。

丛书编委会

2013年3月

目　录

土地改革……1
伟大的祖国——建设（第二组）……4
经济建设……7
无缝钢管厂及大型轧钢厂……11
技术革新……13
新建二十二万伏超高压送电线路（一九五四）……15
努力完成第一个五年建设计划……17
康藏、青藏公路……24
储　蓄……27
治理黄河……29
农业合作化……31
气　象……33
十三陵水库……36
苏联人造地球卫星……38
林业建设……40
我国第一个原子反应堆和回旋加速器……43
苏联宇宙火箭……46
人民公社……48

苏联月球火箭及行星际站……51
爱国卫生运动……53
中国制造第一艘万吨远洋货轮……56
西藏人民的新生……58
工业新产品……60
知识青年在农村……64
石油工业……66
新安江水电站……69
化学工业……71
工业战线上的妇女……74
服务行业中的妇女……77
轮　船……80
红 旗 渠……82
中国出口商品交易会……85
工业产品……87
赤脚医生……90
大庆红旗……92
大寨红旗……95
中国出口商品交易会……97
医疗卫生科学新成就……99
农业机械化……102
带电作业……105
在广阔天地里……108

工农兵上大学 …… 111
工农业生产建设图案普通邮票（普18） …… 114
发展中的石油工业（T19） …… 117
开发矿业（T20） …… 120
普及大寨县（T22） …… 122
军民一家人（T23） …… 124
气　象（T24） …… 126
化学纤维（T25） …… 129
钢铁工业（T26） …… 131
牧业学大寨　建设新牧区（T27） …… 134
水乡新貌（T34） …… 136
铁路建设（T36） …… 138
人民公社五业兴旺（T39） …… 140
首都国际机场（T47） …… 142
植树造林，绿化祖国（T48） …… 144
邮政运输（T49） …… 146
矿　物（T73） …… 149

土地改革

发行日期：1952. 1. 1

4-1

4-2

4-3

4-4

4-1（再版）

4-2（再版）

4-3（再版）

4-4（再版）

（特2）

4-1	（6）农民分得土地，领到土地证书，走向生产	100圆	200万枚
4-2	（7）农民分得土地，领到土地证书，走向生产	200圆	200万枚
4-3	（8）农民分得土地，领到土地证书，走向生产	400圆	400万枚
4-4	（9）农民分得土地，领到土地证书，走向生产	800圆	700万枚

邮票规格：40.5 mm × 24.5 mm

齿孔度数：14度

整张枚数：100枚

版　别：雕刻版

设计者：孙传哲

雕刻者：上海大业印刷公司

印刷厂：上海大业印刷公司（原版、再版）

全套面值：1500圆

知识百花园

新中国成立后，为争取国家财政经济状况的根本好转，彻底清除封建土地剥削残余，1950年6月6日至9日，中共七届三中全会专门讨论了土改问题。14日至23日，中国人民政治协商会议第一届全国委员会第二次会议，讨论了中共中央建议的《中华人民共和国土地改革法（草案）》，通过了刘少奇《关于土地改革问题的报告》。6月30日，由中央人民政府主席毛泽东颁布命令，公布施行《中华人民共和国土地改革法》，宣布在全国废除地主阶级封建剥削的土地所有制，实行农民的土地所有制，规定依靠贫农、雇农，团结中农，中立富农，有步骤地、有区别地消灭封建剥削制度，发展农业生产，同时实行保护民族工商业的政策。这次土改同解放战争时期党所规定的路线和政策，以及1947年10月所颁布的《中国土地法大纲》精神基本一致，在具体政策上有很大变化，由征收富农多余土地财产的政策，改变为保存富农经济的政策，在政治上明确提出要中立富农。对地主只限于没收土地、房屋、农具、牲口、粮食五大财产，其他财产包括地主经营的工商业及其直接用于经营工商业的土地和财产不予没收。这一政策的变化，有利于稳定民族资产阶级，保护中农和小土地出租者，以便更好地孤立地主；有利于国民经济的早日恢复和生产的发展。自1950年冬，新解放区的土地改革经过三个冬春分三批完成。截至1953年春，除新疆、西藏等少数民族地区外，全国土地改革基本完成，连同老解放区在内，全国有3亿多无地、少地的农民分得了7亿亩土地，免除了每年向地主缴纳700亿斤粮食的地租。少数民族地区以及广东侨乡的土改，后来用和平方法顺利完成。全国的土地改革，从经济上彻底消灭了封建剥削制度，极大地提高了农民的政治觉悟，解放了农村的生产力，进一步巩固了工农联盟和人民民主专政，有力地促进了农业生产和整个国民经济的恢复和发展，并为以后开展的社会主义建设和农业的社会主义改造创造了有利条件。

1952年1月1日，邮电部发行了这套《土地改革》特种邮票，全套4种，主图相同，表现出分得土地的农民手持人民政府发给的土地证，以无限的喜悦和满腔的热情，在自己的那块土地上辛勤耕作的情景。1955年1月10日发行再版票。

集邮小知识

“特”字票的种类

“特”字头邮票是我国从1951年10月到1966年5月发行的特种邮票的俗称，它们的志号从“特1”到“特75”。但是全部“特”字头邮票不止75套，而有78套。其中包括新中国成立初期发行的3套再版票，这里还没有包括3套无齿邮票。“特”字头邮票最大的图号是444，但是它们的全部种类有511种之多。因为49种再版票和18种无齿邮票没有独立的图号。所以，全部“特”字头邮票共有78套，511种。“特”字头邮票中，具有代表性的品种有：特1《国徽》邮票；特4《广播体操》邮票，是中华人民共和国第一套不同图案相连印刷的邮票，全套40种，也是中华人民共和国全套种数最多的邮票。“特”字头邮票中的3套无齿邮票是特54《儿童》、特59《熊猫》、特60《金丝猴》。“特”字头邮票中，有不少全套种数较多的品种，它们大多是获得“新中国成立三十周年最佳邮票”称号的特种邮票。比如特38《金鱼》邮票，全套12种；特44《菊花》邮票，全套18种；特56《蝴蝶》邮票，全套20种；特57《黄山风景》邮票，全套16种；特61《牡丹》邮票，全套15种，并有小型张。“特”字头邮票中含有著名的错版票“天安门上放光芒”，是特15《首都名胜》邮票中的天安门图邮票的另一种图样，显著的特点是邮票右部和上部彩霞满天，光芒四射。

伟大的祖国——建设（第二组）

发行日期：1952.10.1

4-1

4-2

4-3

4-4

（特5）

4-1 （54）淮河水闸 800圆 1600万枚

4-2 （55）成渝铁路 800圆 800万枚

4-3 （56）石油工业 800圆 800万枚

4-4 （57）国营农场 800圆 800万枚

邮票规格：44.5 mm × 19 mm

齿孔度数：14度

整张枚数：98枚

版别：雕刻版

设计者：孙传哲、夏中汉

雕刻者：孔绍惠

印刷厂：上海大业印刷公司

全套面值：3200圆

知识百花园

新中国成立后，在党的领导下，全国人民经过3年的艰苦努力，到1952年年底胜利完成恢复国民经济的任务，我国工农业总产值达827.2亿元，比历史最高水平的1936年增长20%，比1949年增长77.5%。其中工业总产值为343.3亿元，比历史最高年产值增长22%，比1949年增长144.9%；农业总产值为483.9亿元，比历史最高年产值增长18.5%，比1949年增长48.5%。1952年钢产量为135万吨，煤为6649万吨，粮食为3088亿斤，棉花为2600万担，都超过了历史最高水平。

为了反映国家的建设成就，值国庆3周年之际，邮电部发行了这套《建设》特种邮票。

邮票解析

图4-1【淮河水闸】邮票画面上方为毛泽东手迹“一定要把淮河修好”，下半部为1951年建成，位于安徽颍上县润河集乡淮河干流上，由拦河坝、拦河闸、进湖闸等组成的润河集分水闸（1958年被拆除）。

图4-2【成渝铁路】邮票画面为一列旅客列车，在崇山峻岭之中，驶过成渝线上的煤窑大石桥时的情景。1987年成渝电气化铁路已经全线通车，年货运量增加了1倍，达到1300多万吨。随着宝成、川黔、成昆、襄渝等铁路干线的建成，形成了纵贯我国西部地区的交通动脉网络，为促进西南地区工农业的发展，改进沿海和内地的工业布局，加速改革开放进程，提供了有利条件。

图4-3【石油工业】我国是世界上最早发现和利用石油、天然气的国家之一。早在公元前11世纪，《易经》中就有“泽中有火”的记载。1100年，我国就在四川自贡地区钻成一口深1066米的气井。从1904年台湾苗栗县出磺坑油田出油，1907年陕西延长油矿投入开发，一直到新中国成立前夕的40多年间，原油产量总计才有200多万吨，1949年只有12万吨。全国仅有8台只能钻浅井的钻机，40多名石油技术人员。新中国成立前，“美孚”“壳牌”“德士古”等外国石油公司垄断了中国的石油市场。新中国成立后，党和国家极为重视开拓新中国的石油工业。特别是20世纪60年代初期，在较短时间内发现和建设了大庆油田，使我国原油产量大幅度增长，促进了石油工业的发展。1963年我国实现了石油产品基本自给，从此结束了依靠“洋油”的时代。邮票画面即为我国石油工业基地玉门炼油厂的外景。

图4-4【国营农场】国营农场是全民所有制的社会主义农业企业，其生产资料归国家所有，其产品归国家支配，职工报酬以工资形式支付。1957年2月13日至19日，在农垦部召开的全国国营农、牧场工作会议上，进一步明确了它的基本任务：大量开垦荒地，扩大耕地面积；增产商品粮、工业原料及畜产品，以保证人民的需要；支援农业合作社，为其提供良种，帮助机耕、科技示范等；为国家积累资金；为农业培养人才等。邮票画面即为新疆军区“八一”机耕农场（现称乌鲁木齐市头屯河农场）正在播种作业的情景。这个农场是1950年10月25日由新疆军区司令部、政治部直属队和农训班合并组建的。

经济建设

发行日期：1954.5.1

8-1

8-2

8-3

8-4

8-5

8-6

8-7

8-8

（特8）

8-1	（66）自动化炼铁炉	800圆	800万枚
8-2	（67）阜新露天煤矿	800圆	800万枚
8-3	（68）重型机器厂	400圆	400万枚
8-4	（69）东北自动化发电厂	2000圆	550万枚
8-5	（70）天兰铁路	250圆	350万枚
8-6	（71）塘沽新港	200圆	350万枚
8-7	（72）哈尔滨亚麻纺织厂	100圆	350万枚
8-8	（73）勘察地下宝藏	3200圆	400万枚

邮票规格：22 mm × 32.5 mm
齿孔度数：14度
整张枚数：108枚
版　别：雕刻版
设计者：孙传哲
雕刻者：李曼曾、高振宇、吴彭越、宋广增
印刷厂：北京人民印刷厂营业分厂
全套面值：7750圆

知识百花园

1952年下半年，在国民经济恢复任务即将完成时，党中央按照毛泽东的建议，提出党在过渡时期的总路线，到1953年下半年，这条总路线正式形成，即：在一个相当长的时期内，逐步实现国家的社会主义工业化，并逐步实现国家对农业、手工业和对资本主义工商业的社会主义改造。实现国家的社会主义工业化，是国家独立和富强的根本条件。与此同时，党中央又着手主持编制我国从1953年到1957年发展国民经济的第一个五年计划，它的基本任务之一就是集中主要力量进行以苏联帮助我国设计的156个建设项目为中心的，由694个大中型建设项目组成的工业建设，以建立我国社会主义工业化的初步基础。在优先发展重工业的条件下，力求工业和农业、重工业和轻工业等各个经济部门之间的发展保持适当的比例，并逐步改变过去经济发展的不平衡状态，使经济建设布局适应国防安全的条件。经过这一系列的部署，我国工业化建设开始稳妥起步，并逐渐取得了一些成果。

为了反映这些成果，邮电部于1954年5月1日发行了这套《经济建设》特种邮票。

邮票解析

图8-1【自动化炼铁炉】炼铁炉，即高炉，也称“鼓风炉”，用铁矿石炼出生铁的竖炉。炉体由耐火材料和金属结构组成，其主要部分包括炉缸、炉腹、炉腰、炉身、炉喉、大料钟、小料钟、料车、基础、风口、出渣口、出铁口、上料斜桥、渣罐车、铁水罐车等。炉顶有装料、导出煤气等设备。燃烧用的空气经高炉热风炉预热后由风口鼓入炉内。炉料从炉顶下降时，被上升煤气预热。其中铁矿石还原成铁，经渗碳并熔化后同生成的炉渣流出炉缸，分别从出铁口和出渣口放出。邮票画面为鞍山钢铁公司的7号高炉，苏联援建项目，于1953年4月动工改建，12月18日完工，26日投入生产，全部操作均采用自动化，是当时全国最大的一座炼铁炉。

图8-2【阜新露天煤矿】露天开采是先将覆盖在矿体上面的土石剥掉，然后直接在露天进行采矿。一般用于开采储量丰富、埋藏较浅的厚矿体。邮票画面为辽宁阜新露天煤矿使用苏联新式掘煤电铲工作的场面。这座露天煤矿1953年7月1日正式投入生产。该矿施工时剥离地表土石方达5.5亿立方米，相当于5个苏伊士运河和1个巴拿马运河挖土量的总和，是当年全世界仅有的几个露天煤矿之一，显示了我国煤炭采掘的实力和方向。

图8-3【重型机器厂】一般利用本身重量超过30吨以上的重型机床（如落地镗床、龙门刨床、平锻机、水压机等）去加工冶金矿山机械、水力发电设备、石油化工机械及船用柴油机等大型工件的工厂，即为重型机器厂，它标志着一个国家的机械加工能力和工业化建设的水平。在第一个五年计划期间，我国在优先发展重工业的方针指引下，着手进行了这方面的建设，如对黑龙江省齐齐哈尔市的富拉尔基，便投入相当力量，建成为我国有名的重型机械和机车车辆制造中心。邮票画面为一台重型机床。

图8-4【东北自动化发电厂】用各种类型的发电设备将其他形式的能量转变为电能的工厂即为发电厂。有利用重油、可燃气体等燃料发电的火力发电厂；利用自然界中的势能、动能发电的水力发电厂、潮汐发电厂、风力发电厂等；利用核能发电的原子能发电厂；利用地下热能发电的地热发电厂等。邮票画面上即是东北0170

发电厂的旋风分离器，它将煤粉从空气中分离出来，供给锅炉燃烧。这座发电厂是新中国成立后，建成的具有高度自动化水平的火力电厂，显示出我国电力工业的发展水平。

图8-5【天兰铁路】甘肃为我国西北交通要冲，新中国成立后，从1950年5月开始修建天水至兰州长达346千米的天兰铁路，于1952年8月23日竣工，10月1日全线正式通车。从而，不仅把甘肃境内的这两个重要城市联结起来，而且也极大地方便了中原与西南、西北的交往。邮票画面上，一列满载的火车，正行驶在梁家坪至红庄间山谷中的回头沟桥上。

图8-6【塘沽新港】天津港由河港和海港两部分组成，海港即塘沽新港。其位于天津市东南45千米的渤海湾西端海河的入海处。1939年便在此动工建港，新中国成立后，从1951年开始，进行天津港的恢复和扩建工程，开辟了长15千米、宽60米、水深7米的主航道。1952年10月17日，第一艘万吨轮“长春号”顺利进港靠岸，宣告了新港第一期工程胜利完成。现在，天津港港区规划面积近200平方千米，新港人工造陆面积约18平方千米，现有万吨级深水泊位37个，成为我国最大的人工港。1985年该港又建成我国第一个集装箱码头，年吞吐量为40万标准箱。从这里可以通往160多个国家和地区的300多个港口，为我国现代化的国际大港。邮票画面上即是塘沽新港散盐专用码头的一角。

图8-7【哈尔滨亚麻纺织厂】新中国成立后，纺织工业不仅重视我国传统的棉、毛、丝绸的纺织，而且发展了麻纺织业、针织业、印染业，企业近6000个，职工500多万人，形成了一支庞大的产业大军。每年生产的棉、毛、麻、丝、化纤织物达一百几十亿米，不仅满足国内，还可出口换汇，对国家贡献很大。邮票画面上，即我国在第一个五年计划期间建成的哈尔滨亚麻纺织厂，其具有当时世界纺织技术的一流水平，展示了新中国纺织工业的新面貌。

图8-8【勘察地下宝藏】我国幅员辽阔，地大物博，矿产资源极为丰富。新中国成立后，为迅速发展经济，开发矿业，先后派出数十万地质人员，跋涉在崇山峻岭、沟壑之中，穿行在原始森林、人迹罕至之处，进行大规模的地质勘探和国土调查工作。全世界已知的160多种矿产，在我国均已找到，有136种已探明储量，并已评价和勘探了1.5万多个矿床，开采了几千个矿山，为祖国的工业建设提供了丰富的资源和有力的保障。邮票画面上，即是地质工作者，身背行囊，不辞辛苦，在群山中进行勘察的情景。

无缝钢管厂及大型轧钢厂

发行日期：1954.10.1

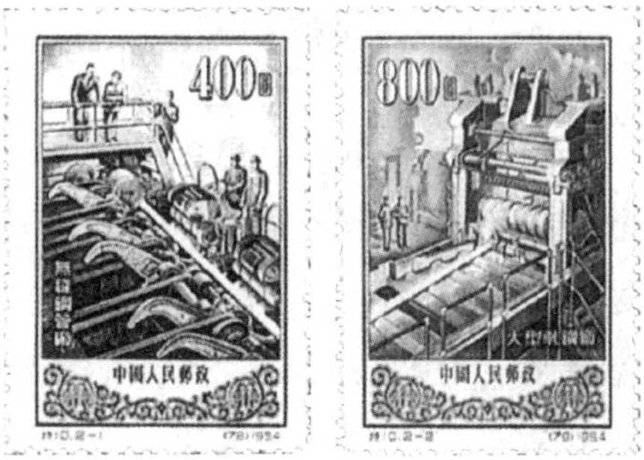

2-1　　　　2-2

（特10）

2-1 （78）无缝钢管厂　400圆　500万枚

2-2 （79）大型轧钢厂　800圆　900万枚

邮票规格：21 mm×32.5 mm

齿孔度数：14度

整张枚数：108枚

版　别：雕刻版

设计者：孙传哲

雕刻者：高振宇、宋广增

印刷厂：北京人民印刷厂营业分厂

全套面值：1200圆

知识百花园

鞍山钢铁公司的无缝钢管厂和大型轧钢厂，是在苏联的帮助下，经过中国技术人员和广大干部、工人的共同努力，于1953年12月26日建成开工投产。这两个工厂的建成，标志着我国的钢铁冶金及机械制造工业已进入了崭新的发展阶段。在新中国成立5周年之际，邮电部发行了这套特种邮票。

邮票解析

图2-1【无缝钢管厂】无缝钢管是钢材中管材的一种，其截面通常为圆形，但也可呈扁、方或异型。无缝钢管一般由铸锭或实心棒材先行斜轧穿孔，再经纵轧或拉拔而成；也可用挤压法，在一个工序中直接由铸锭或实心棒材制成；此外，也有用铸造方法制成的。无缝钢管与用焊接方法制成的有缝钢管相比，不仅外形美观，而且更重要的是它耐压力大，不漏气、漏水、漏油，在地质钻探、石油化工、火力发电及许多重要工业部门中，被广泛用作液体或气体的输送管道，以及机器设备和建筑方面的结构材料等。邮票画面即鞍钢无缝钢管厂的生产景象。

图2-2【大型轧钢厂】轧钢属于对钢材进行压力加工的一种，使钢坯钢锭在轧辊压力作用下产生塑性变形，以获得所要求的截面形状并同时改变其性能，按轧制温度在再结晶温度以上或以下，分为热轧和冷轧。按轧制方式又可分为纵轧、横轧和斜轧。纵轧是轧件在两个平行排列而反向旋转的轧辊间变形，用于轧制板材、型材、钢轨等。横轧是轧件在两个平行排列而同向旋转的轧辊间变形，自身做旋转运动，用于轧制圆形截面的产品。斜轧是轧件在两个轴线互成一定角度而同向旋转的轧辊间变形，呈螺旋前进运动，沿螺旋线受到加工，主要用于轧制管材、钢球等。邮票画面即鞍钢大型轧钢厂正在进行轧钢的场面。

技术革新

发行日期：1954.12.15

2-1

2-2

（特11）

2-1 （80）反围盘　　800圆　　600万枚

2-2 （81）万能工具胎　　400圆　　400万枚

邮票规格：36.5 mm × 22 mm

齿孔度数：14度

整张枚数：96枚

版　别：雕刻版

设计者：孙传哲

雕刻者：吴彭越、李曼曾

印刷厂：北京人民印刷厂营业分厂

全套面值：1200圆

知识百花园

1954年4月2日至23日，中华全国总工会第七届执委会主席团第五次会议通过《关于在全国范围内开展技术革新运动的决定》，并于5月26日公布。1960年3月22日，毛泽东在中共鞍山市委上报的《关于工业战线上的技术革新和技术革命运动开展情况的报告》上做出长篇批示，提出了在社会主义建设中，不迷信外国，不照搬别国的经验；在社会主义企业管理中，实行干部参加劳动，工人参加管理，改革不合理的规章制度，实行技术人员、工人、干部“三结合”的思想；关于要有领导、一环接一环、一浪接一浪地实行伟大的马克思列宁主义的城乡经济技术革新和技术革命运动等。这个批示在较长时间内，成为我国工业企业管理体制改革的指导原则，对社会主义现代化建设产生了重要影响。

邮电部发行这套《技术革新》特种邮票，目的在于推动“双革”运动在全国范围内的普及和深入。

邮票解析

图2-1【反围盘】围盘是钢铁企业小型轧钢厂轧机上的一种附属设备，它是一个半圆形有沟槽的盘体，用来将前一孔型轧出的轧体自动引入下一孔型。按工作情况的不同，可分为正围盘、反围盘和立围盘等。邮票画面上即反围盘正在自动运作的情景。

图2-2【万能工具胎】这件技术革新成果是鞍钢工人王崇伦创造出来的。王崇伦共念了5年半书，16岁做学徒当钳工。新中国成立后在鞍钢七分厂改革工具，制造飞机油箱拉杆，提高工效8倍，有力地支持了抗美援朝、保家卫国的正义斗争。1953年4月，他所在的机械总厂接受了一批制造凿岩机零部件的紧急任务。但当时生产加工这些零部件的插床太少，影响任务的及时完成。王崇伦面对这种情况，仅用半个月的时间，便创造出万能工具胎，用41个零件，制作16种东西，可代替6～7台插床，从而解决了车间工具不足的问题，顺利地完成了凿岩机零部件的加工任务。大批生产后，使全厂劳动效率大为提高。王崇伦被评为全国劳动模范，1954年作为人大代表出席全国人民代表大会，并作为主席团成员，受到毛泽东主席的接见。邮票画面上，即王崇伦向工友们介绍万能工具胎。

新建二十二万伏超高压送电线路（一九五四）

发行日期：1955.2.25

1-1

（特12）

1-1 （82）超高压送电线路　　800圆　　600万枚

邮票规格：25 mm × 40 mm

齿孔度数：14度

整张枚数：117枚

版　别：雕刻版

设计者：卢天骄

雕刻者：李曼曾

印刷厂：北京人民印刷厂营业分厂

全套面值：800圆

知识百花园

我国工业用电的电压一般为380伏特，照明用电的电压为220伏特。但是全国广大的城市、乡村和工业区，要得到正常电流，需要有一个输电的过程，即将发电厂或变电所的电能，经变压器升压后，通过输电线路，送到远距离的用户。

1954年1月27日，我国第一条长达370千米的22万伏超高压送电线路，从东北北部到东北南部架设成功。全线共有10多米高的铁塔900多座，从而将松花江小丰满水电站充足的电力，源源不断地输送给东北南部的矿区和工业基地，有力支援了国家的经济建设。邮票画面上即耸立在辽阔的东北大地上高大的输电铁塔。

集邮小知识

编号邮票的种类

编号邮票是指“文革”中期的1970年8月到1973年12月我国发行的纪念邮票和特种邮票。这些邮票上虽然印有志号，但是没有套号，也不区分纪念邮票和特种邮票，只有一套跟着一套连续编排的总图号，加上一个括号，放在邮票底边的左侧，全部共有95种，分别属于21套。因为没有套号，所以除了查阅邮票目录之外，通常只能根据图案的内容来辨认哪些编号连续的邮票是属于同一套的。好在21套中的9套印有邮票的套名，每套邮票的设计也各有独特的风格。

努力完成第一个五年建设计划

发行日期：1955.10.1–1956.2.24

18–1

18–2

18–3

18–4

18–5

18–6

18–7

18–8

18–9

（特13）

18-10

18-11

18-12

18-13

18-14

18-15

18-16

18-17

18-18

（特13）

18-1 （83）冶金 8分 600万枚

18-2 （84）电力 8分 600万枚

18-3 （85）煤矿 8分 600万枚

18-4 （86）石油 8分 600万枚

18-5 （87）机器制造业 8分 600万枚

18-6 （88）国防 8分 600万枚

18-7 （89）纺织工业 8分 600万枚

18-8 （90）讨论计划 8分 600万枚

18-9 （91）农业 8分 600万枚

18-10	（92）畜牧	8分	600万枚
18-11	（93）水利	8分	600万枚
18-12	（94）手工业	8分	600万枚
18-13	（95）商业	8分	600万枚
18-14	（96）交通运输	8分	600万枚
18-15	（97）地质勘查	8分	600万枚
18-16	（98）高等教育	8分	600万枚
18-17	（99）和平生活	8分	600万枚
18-18	（100）工人疗养	8分	600万枚

邮票规格：39 mm × 31 mm

齿孔度数：12.5度

整张枚数：56枚

版　别：胶版

设计者：孙传哲、卢天骄、董纯琦

印刷厂：上海市印刷一厂

全套面值：1.44元

知识百花园

我国从1953年到1957年发展国民经济的第一个五年计划（1955年7月全国人大一届二次会议审查通过），到1956年提前一年基本完成。1957年年底，全国超额完成了“一五”计划，社会主义经济建设取得了巨大成就。

为了宣传和展示第一个五年计划的伟大宏图，邮电部发行了这套特种邮票。

邮票解析

图18-1【冶金】冶金工业是指开采和处理（选矿、烧结）金属矿石以及冶炼、加工成材的工业。钢铁工业（有时也包括铬、锰）通称为“黑色冶金工业”，而生产其他金属的工业，则称之为“有色金属工业”。冶金工业是工业的基础。邮

票画面即为冶金工业平炉炼钢的场面，表现了我国冶金工业的腾飞和成就。

图18-2【电力】电力工业是指利用发电设备将其他能量转变为电能的工业。电力是一切工业的原动力，在国家现代化建设的进程中，电力工业是其他一切工业发展的先驱。按发电方式，可分为：用煤、油、可燃气体等燃料发电的火力发电；利用自然界中的势能、动能发电的水力发电、潮汐发电、风力发电等；利用核能发电的原子能发电；利用地下热能发电的地热发电。20世纪50年代后期还出现了等离子发电等新的发电方式。“一五”期间，执行以水电为主、火电为辅的建设方针，并取得了很大成绩。邮票画面为矗立在大地上的高压输电线网。

图18-3【煤矿】煤炭工业是指采煤和选煤，为冶金、电力、化工等工业和铁路、航运、城乡居民等提供燃料和原料的工业。煤炭是工业的食粮，对国计民生意义重大。“一五”期间，原煤产量由1952年的0.66亿吨，增长到1957年的1.31亿吨。邮票画面为利用煤巷联合掘进机进行采煤的场面。

图18-4【石油】石油工业是指石油的地质勘探、油气田开发建设、原油提炼加工、科研设计在内的工业。石油是重要的能源，它在很大程度上制约着国家的经济建设和社会发展。1949年年产原油12万吨，1952年为44万吨，1957年已达到146万吨，为新中国成立初期的12倍，到1963年我国已实现石油产品基本自给，结束了依靠“洋油”的时代。邮票画面为从石油矿区驶出的一列满载原油的罐车，以展示我国石油工业的蓬勃发展。

图18-5【机器制造业】机器制造业是指从事各种动力机械、起重运输机械、农业机械、化工机械、纺织机械、机床、工具、仪器、仪表及其他机械设备等的设计及制造的工业。它为整个国民经济不断提供技术装备，其发展水平是国家工业化程度的主要标志。邮票画面为机床制造厂总装车间的生产景象。

图18-6【国防】国防工业是指为人民解放军生产和研制武器装备及军需用品的工业。“一五”期间，朝鲜战争尚在进行，我国除对常规武器进行改进外，还新建起飞机和汽车制造业、重型和精密机器制造业、高级合金钢及有色金属冶炼业等与国防密切相关的工业生产部门，为实现国防现代化建设，生产了大量结构科学、性能先进、质地优良的武器装备。邮票画面为人民解放军战士头戴钢盔，手握冲锋枪守卫工厂的威武形象。

图18-7【纺织工业】纺织工业是指将棉、毛、麻、丝等纤维加工成各种纱、

丝、线、绳、织物及其染整制品的工业。可分为棉纺织工业、毛纺织工业、麻纺织工业、丝纺织工业、针织工业和纺织复制工业等。纺织工业部门是为人民解决穿衣大事的部门，对国计民生至关重要。邮票画面为一位纺织女工正在踏盘织机前熟练操作的情景。

图18-8【讨论计划】为实现“一五”计划，中央强调一切企业、建设单位和国家机关，必须建立和实行严格的节约制度和经济核算制度，提高效率，杜绝浪费。当时，整个社会形成了勤俭、厉行节约的好风气，全国上下大张旗鼓地开展了增产节约运动，提倡干部参加核算、工人参加管理，同心同德，献计献策，搞好经济建设。邮票画面为干部、工人和技术人员在一起群策群力，商讨生产工作计划的情景。

图18-9【农业】农业通常分为种植业和畜牧业两部分。农业是国民经济的基础，它为人们提供粮食和副食品，为轻工业提供原料。农村是工业品的最大市场和劳动力的重要来源。社会主义农业还为国家建设积累资金。邮票画面为自走式谷物联合收割机正在收获的场面。

图18-10【畜牧】畜牧业是农业的重要组成部分，包括牛、马、猪、羊、鸡、鸭等家畜家禽的饲养业和鹿、麝、狐、貂等经济兽类的驯养业。畜牧业可为人们提供肉类、蛋品、乳品等副食品，为轻工业提供皮、毛、羽、骨等原料，并以役畜和有机肥料支援种植业。“一五”期间，以畜牧业为主的各少数民族地区的经济有了发展，人民的生产积极性和劳动热情被调动起来，因此使畜牧业得到了相当程度的发展。从1952年到1957年，牛由5560.0万头增至6361.2万头，马由613.0万匹增至730.2万匹，骡由163.7万匹增至167.9万匹，骆驼由28.5万头增至36.5万头，猪由6545万头增至7131万头，羊由6178万只增至9858万只。邮票画面为在辽阔的牧场上，一位女牧民正在采集牛奶的劳动场面。

图18-11【水利】水利是指对水进行除害、兴利的工作，包括防洪、排水、灌溉、航运及发展水力发电等工程。我国河流众多，水力资源丰富，治水历史悠久，兴修水利是中华民族赖以生存和治国安邦的重要举措。“一五”期间，首先从治害防涝入手，对全国5800多条大小河流进行了初步勘测，新修和加固堤防大坝，开渠清淤，疏浚河道，治理了淮河和黄河，新修了各种类型的水库，变害为利，扩大了农田灌溉面积。在重要江河上，建成大中型水电站；在广阔的农村，小水电遍

地开花，使水利工程逐步形成发电、通航、排涝、灌溉的综合体系。邮票画面为佛子岭水库连拱大坝的雄姿，坝高70多米，于1954年10月完工。

图18-12【手工业】手工业在国民经济中占有一定的地位。手工业能体现人们的创造力，表达心灵手巧和聪明才智，在长期的生产过程中，创造了许多具有优良传统的手工艺品，其是手工业者智慧的结晶，如牙雕、木雕、石雕、贝雕、泥塑、面塑等，都是我国宝贵的文化遗产。邮票画面为老艺人正在向青年一代传授景泰蓝技艺的场面。

图18-13【商业】商业又叫“贸易”，分为对外贸易和国内贸易，除国营商业外，还有集体和个人商业形式。“一五”期间，我国商业发达，市场活跃，商品流通，购销两旺。1952年到1957年，社会商品零售总额由276.8亿元增至474.2亿元，其中城镇由125.6亿元增至238.4亿元；农村由151.2亿元增至235.8亿元。农业生产资料零售额由14.1亿元增至32.6亿元。主要消费品零售量都有大幅度增加，且价格稳定，如食用植物油由76.5万吨增至103万吨，鲜蛋由13.3万吨增至25.9万吨，水产品由77.9万吨增至142.4万吨，食糖由47.1万吨增至87.9万吨，布由30.8亿米增至42.9亿米，鞋由10330.8万双增至20231.8万双，自行车由33.5万辆增至84.7万辆等。邮票画面为城乡互送工农业产品的交换场面。

图18-14【交通运输】交通运输在“一五”期间，有了很大发展，且成绩显著。从1952年到1957年，铁路通车里程由2.45万千米增至2.99万千米；公路由12.67万千米增至25.46万千米；内河通航里程由9.50万千米增至14.41万千米；民用航空航线里程由1.31万千米增至2.64万千米；货物运输量由31516万吨增至80365万吨；旅客运输量由24518万人增至63821万人。邮票画面为轮船与火车水陆联运的场面。

图18-15【地质勘查】地质勘查主要是应用物探手段，包括磁法勘探、重力勘探、电法勘探、地震勘探和放射性勘探等，在地面、海洋或空中进行找矿的工作，也可用来解决建筑工程的地质问题及水文地质、环境地质等问题。我国地域广大，矿产资源丰富，“一五”期间，国家派出数十万地质工作人员，在对整个国土资源进行全面普查之外，重点对东北、西北、中南以及内蒙古、山西、四川和陕北盆地进行了勘察，发现了许多具有工业规模的矿床和有工业远景的矿产地，并为国土整治提供了多种有价值的地质资料。邮票画面为地质工作者正在利用仪器进行地质测

量的情景。

图18-16【高等教育】教育是按一定目的要求，对受教育者的德育、智育、体育诸方面施以影响的一种有计划的活动。一定社会的教育是一定社会的生产力、生产关系和政治的反映，同时又对他们给予影响和作用。“教育”一词一般指学校教育，但也泛指社会上一切有教育作用的活动，如社会教育、家庭教育等。高等教育是指中等教育阶段以上的专门教育。新中国的高等教育制度，是在1951年《政务院关于改革学制的决定》中规定的。实施高等教育的学校为大学、专门学院和专科学校。高等学校在科学文化知识教育的基础上，给学生以高级的专门教育。“一五”期间，我国整个教育事业发展很快，各级学校在校学生人数大幅度增加。从1952年到1957年，大学生由19.1万人增至44.1万人，大学教师由2.7万人增至7万人。邮票画面为大学校园里两名学生相互交谈的情景。

图18-17【和平生活】社会主义经济建设的最高目的是提高人民的物质生活和文化生活水平。“一五”期间，由于正确处理了积累和消费的关系，把发展生产与改善人民生活结合起来，使工农业生产迅速发展，市场繁荣，物价稳定，人民生活得到很大改善。居民年平均消费水平（按当年价格计算），全国居民由1952年的76元上升到1957年的102元，农民由62元上升到79元，城镇储蓄存款由8.6亿元增至27.9亿元，农村社员由无存款增至7.3亿元。邮票画面为一家三口假日游玩的情景，表现了我国人民的和平幸福的新生活。

图18-18【工人疗养】疗养院是专门为某些慢性疾病的诊疗、休养而设立的一种医疗预防机构。一般设在风景优美、气候良好的地方，根据不同的病情，运用不同疗法，促使疗养者在医护人员指导下，恢复健康。这种疗养制度是社会主义优越性的表现，体现了党和国家对广大工人和干部的关心和爱护。“一五”期间，全国卫生机构由1952年的38987个增至1957年的122954个，其中有很大一部分为设在全国各地的疗养卫生机构，全国医院由3540个增至4179个，医院床位由16.0万张增至29.5万张，使职工的健康得到保障，极大地调动了建设社会主义的劳动热情。邮票画面为工人疗养员在疗养院中正在下棋的场面。

康藏、青藏公路

发行日期：1956. 3. 20

3-1

3-2

3-3

（特14）

3-1	（101）康藏、青藏公路	4分	800万枚
3-2	（102）康藏公路上的大渡河钢索吊桥	8分	1100万枚
3-3	（103）庆祝公路通车	8分	1100万枚

邮票规格：（1、3图）38 mm×25.5 mm，（2图）21.5 mm×41 mm

齿孔度数：14度

整张枚数：（1、3图）80枚，（2图）91枚

版　别：雕刻版

设计者：卢天骄

雕刻者：宋广增、高振宇、孔绍惠

印刷厂：北京人民印刷厂

全套面值：0.20元

知识百花园

1956年3月20日，为庆祝康藏、青藏公路的胜利建成，邮电部发行了这套《康藏、青藏公路》特种邮票。

邮票解析

图3-1【康藏、青藏公路】青藏公路从青海西宁到西藏拉萨，全长2100千米。这条公路大多修筑在海拔4000～5000米的高原上，它经过草原沮洳地带、戈壁沙滩和我国最大的咸水湖——青海湖，跨过楚玛尔河、通天河等25条河流，翻过唐古拉山、脱脱山等15座大山，进入西藏北部的重镇黑河（今色尼区），折向东南进入拉萨。这条公路于1954年5月11日开工修筑，仅用7个月零4天，便全线开通，1954年12月25日正式通车。这条公路以其路途长、工程大、工期短、投资小、地势复杂、环境恶劣等特点而驰名中外。邮票画面为一支正行驶在冰山下的青藏公路上满载货物的汽车运输队，并绘有青藏和康藏两条公路的示意图。

图3-2【康藏公路上的大渡河钢索吊桥】康藏公路从四川雅安至西藏拉萨，全长2255千米。它横贯西藏高原东部，自东向西翻越二郎山、折多山、雀儿山等14座大山，跨过金沙江、澜沧江、怒江、大渡河、岷江等12条大河，仅金沙江到澜沧江一带悬岩和惊涛骇浪上，就架设了150多座桥梁。公路还通过了几百千米长的原始森林和一望无际、人迹罕至的地区，全线平均海拔高度在3000米以上。工程于1950年春天开工，筑路大军克服了重重困难，经受了无数冰川、冻土、流沙、悬崖、激流和严寒的考验，历时近5年，终于修成了这条公路，也于1954年12月25日全线正

式通车。邮票画面上的大渡河钢索吊桥是康藏公路重点工程之一。该桥位于大渡河上的泸定桥（即中国工农红军长征时强夺的那座桥）不远处，为单孔加筋桁构吊桥，主索跨径126米，垂度约为跨径的1/10。两根粗大的主索各由27根直径22～38毫米的钢丝绳组合而成。东西两岸的索塔为钢筋混凝土门式框架，滚动式索鞍，重力式锚碇。钢桁构高2.4米，总重150.3吨。在索塔塔顶两根下垂的主索上，用43对垂直的吊索把钢桁构吊拉住。施工时自中间部分向两岸架设，这样装索夹、挂吊索和架桁构三个步骤同时进行，因而没有合龙问题。于1950年6月开工，1951年6月建成。实际造价为147.5万元。1952年6月和1955年4月两次地震，使索塔塔柱产生裂缝，经修缮后继续使用。1971年又建成一座大渡河泸定新桥（为钢筋混凝土双曲拱桥）后，这座钢索吊桥便成为备用桥。

图3-3【庆祝公路通车】青藏、康藏这两条公路工程之巨大、环境之艰险，是世界公路建筑史上所罕见的。仅康藏公路挖的路基土方、石方就有2900万立方米。它们的建成彻底打开了西藏的大门，不仅沟通了西藏与青海、西藏与四川的联系，而且缩短了西藏和祖国内地许多地区的距离，对于建设西藏，开发边疆，繁荣青藏高原，均具有重要意义。两条公路均于1954年12月25日建成通车。邮票画面为西藏军民会合在布达拉宫前的广场上欢庆通车的场面。

集邮小知识

最早的三角形邮票

中国最早的三角形邮票是1951年发行的纪10《保卫世界和平》（第二组）。这组邮票共3枚，面值400圆（旧币，下同）、800圆、1000圆。

储　蓄

发行日期：1956.10.1

2-1

2-2

（特17）

2-1　（113）储蓄徽　　4分　　900万枚

2-1　（114）储蓄徽　　8分　　1400万枚

邮票规格：36 mm × 19 mm

齿孔度数：14度

整张枚数：104枚

版　别：雕刻版

设计者：卢天骄

雕刻者：高品璋

印刷厂：北京人民印刷厂营业分厂

全套面值：0.12元

知识百花园

为了宣传储蓄的意义，鼓励人民群众踊跃参加储蓄，支援国家建设，邮电部发行了这套《储蓄》特种邮票。两幅画面均以储蓄徽志为主图，并衬以牡丹花底纹。储蓄徽志是1955年由中国人民银行总行确定的人民储蓄事业的徽志，其中心有“储蓄”二字，外围由18枚古钱印（方足布）图组成的双层齿轮，内由五角星和麦穗围绕。它象征着把社会上零星闲散资金积聚起来，支援国家工农业生产建设，鞭策人们发扬艰苦奋斗、勤俭节约的优良传统，把国家建设得更加繁荣昌盛。

集邮小知识

最早的邮局代封票

中国最早的邮局代封票是上海海关造册处于1899年石版印制的。全版为50枚，每枚图幅长44毫米，高28毫米，以八卦太极为中心图案，左右空心框内分别标有楷体“大清邮政”和“官局代封”，上下分别有两行半弧英文，分别表示上述同一内容。

治理黄河

发行日期：1957.12.30

4-1

4-2

4-3

4-4

（特19）

4-1	（119）示意图	4分	800万枚
4-2	（120）电力	4分	800万枚
4-3	（121）航运	8分	1000万枚
4-4	（122）灌溉	8分	1000万枚

邮票规格：44 mm × 22 mm

齿孔度数：14度

整张枚数：84枚

版　别：雕刻版

设计者：孙传哲

雕刻者：高振宇、宋广增

印刷厂：北京中国近代印刷公司

全套面值：0.24元

知识百花园

新中国成立后，党和政府对治理黄河极为重视，想把黄河变害为利，造福于人民。1952年10月底，毛泽东主席亲自视察黄河，发出“要把黄河的事情办好”的号召。1955年7月18日国务院第15次会议通过“关于根治黄河水害和开发黄河水利的综合规划的报告”的决议，制订了治理黄河的远景规划。经过多年的艰苦奋战，建起全长1300多千米的黄河大堤，并且修筑了长达700多千米的第二道防线，完成土方量有4亿多立方米，相当于开挖两条巴拿马运河，或者一条半苏伊士运河。

在治理黄河的初期，邮电部发行这套《治理黄河》特种邮票，展示了这一宏大工程的灿烂前景。

邮票解析

图4-1【示意图】邮票主图为黄河综合利用第一期工程及远景示意图。在干流上由西向东有4个圆形标志分别表示：甘肃兰州以西的刘家峡水电站；陕北高原水土保持重点区；山西与河南两省交界的三门峡水电站；综合治理后的内河航运。

图4-2【电力】邮票主图为黄河干流上第一座大型水电工程——三门峡水电站拦河大坝的雄姿。待一系列水电工程结束后，黄河水电年发电量将达到2300万千瓦·时。

图4-3【航运】邮票主图为几艘航行在黄河干流上的客、货轮船。展示了在整个干流建成46座拦河大坝和过船装置后，黄河通航里程将达到3610千米。

图4-4【灌溉】邮票主图为利用黄河之水浇灌的万顷良田。待黄河干流上的全部工程完成后，灌溉农田面积将达11600万亩。

农业合作化

发行日期：1957.12.30

4-1

4-2

4-3

4-4

（特20）

4-1　（123）入社　8分　　800万枚

4-2　（124）耕种　8分　　800万枚

4-3 （125）造林 8分 800万枚
4-4 （126）丰收 8分 800万枚

邮票规格：21 mm × 32.5 mm
齿孔度数：14度
整张枚数：84枚
版　别：胶版
设计者：万维生
印刷厂：北京中国近代印刷公司
全套面值：0.32元

知识百花园

我国农业合作化运动仅用了4年时间就完成了。这场深刻的社会变革，使5亿农民走上了社会主义道路，从而巩固了工农联盟，孤立了城乡资本主义，促进了手工业和资本主义工商业的社会主义改造，加速了农业和整个国民经济的发展。

为此，邮电部发行了这套《农业合作化》特种邮票。

邮票解析

图4-1【入社】邮票画面描绘在欢快的锣鼓声中，一位老农兴高采烈地前去入社的情景，体现了“入社自愿”的原则，也表达出亿万农民走上合作化道路的喜悦。

图4-2【耕种】邮票画面描绘在合作化的土地上，社员正在使用双轮双铧犁耕田的场面，显示了集体经济的实力，也表现了社员对走合作化道路的信心。

图4-3【造林】邮票画面描绘在荒山坡地上，合作社社员正在植树造林的场面，体现了农业集体经济的全面发展，展示了农业合作化的灿烂前景。

图4-4【丰收】邮票画面描绘打谷场上的社员们正在脱粒打场的情景，表现出丰收的喜悦。

气　象

发行日期：1958. 8. 25

3-1

3-2

3-3

（特24）

3-1　（136）古气象仪　8分　800万枚

3-2　（137）气象观测　8分　800万枚

3-3　（138）气象服务　8分　800万枚

邮票规格：22.5 mm × 30.5 mm

齿孔度数：14度

整张枚数：120枚

版　别：胶雕版

设计者：孙传哲

雕刻者：唐霖坤、孔绍惠

印刷厂：北京人民印刷厂

全套面值：0.24元

知识百花园

气象是大气中的冷、热、干、湿、风、云、雨、雪、霜、雾、雷、电、光等各种物理状态和物理现象的总称。它与工农业生产、航空、航海、国防及人民生活都有着极其密切的关系。

新中国成立后，党和政府十分重视气象事业的发展和建设。1954年3月6日，政务院发布了《关于加强灾害性天气的预报、警报和预防工作的指示》。1958年6月29日，在广西桂林召开了全国气象会议。据统计，当时分布在全国的气象台站已从新中国成立前夕的72个增至2000多个，有力地保证了经济建设的繁荣发展和人民生活的安定。

发行这套《气象》特种邮票，目的在于向人们宣传我国古代对于气象的重视，以及现代气象对人类生产生活的重要价值。

邮票解析

图3-1【古气象仪】相风铜乌是我国古代气象仪器之一，材质为铜，形状似乌鸦，所以又称相风乌，为古时有名的铜制乌形风向器。据后汉或魏晋时成书的《三辅黄图 · 台榭》中记载：相风铜乌为东汉科学家张衡于132年发明研制的，它曾被安放在长安宫南“高十五仞”的灵台上，用以观测风向。它的结构和性能在《观象玩古》和《乙巳占》中都有一致的说明：“凡候风必于高平远畅之地，立五丈竿。于竿首作盘，上作三足乌，两足连上外立，一足系下内转，风来则转，回首

向之。乌口衔花，花旋则占之。”邮票主图即为相风铜乌。另外，据南京气象学院王鹏飞教授考证，指出古代相风乌形似乌鸦，而邮票上却画成鸽子；相风乌应直衔花托，即四枚花瓣所在平面应与乌的朝向垂直，应像飞机上螺旋桨与机头的位置，使花瓣起螺旋桨的作用，以做到“花旋”，才能使乌头指明方向，进而测出风速。

图3-2【气象观测】指对气象要素所进行的观测。常规的气象观测一般分地面气象观测和高空气象观测两种。地面气象观测包括云、能见度、天气现象、湿度、温度、气压、风、降水、蒸发、日照等项目；高空气象观测包括高空风向、风速、气压、温度、湿度等项目。配合专业工作的需要有农业气象观测、航空气象观测和船舶气象观测等。由于无线电电子学和其他新技术的发展，气象观测工具已采用遥测技术、火箭和卫星等进行更专门的气象观测。气象观测是气象工作的基础。根据观测资料对天气和气候进行分析、研究而服务于国防和国民经济建设。邮票画面为一架我国自己制造的探空仪正在进行高空观测。探空仪由探空气球和无线电探空仪两部分组成。无线电探测仪是苏联科学家莫尔恰诺夫于1930年发明的。

图3-3【气象服务】气象对国计民生至关重要，特别是一些对工农业生产和人民生命财产有严重危害的天气，如寒潮、霜冻、台风、大风、暴雨、冰雹等。气象台站提前发出预告或警报，可避免和减少重大损失，这就是气象服务的最普遍、最常见的内容。邮票画面中心位置为一座大风信号塔，塔上挂着一个台风警报信号。

十三陵水库

发行日期：1958. 10. 25

2-1

2-2

（特26）

2-1 （142）修建　　4分　　400万枚

2-2 （143）全景　　8分　　850万枚

邮票规格：34 mm × 27.5 mm

齿孔度数：14度

整张枚数：90枚

版　别：雕刻版

设计者：刘硕仁、吴建坤

雕刻者：宋广增、高振宇

印刷厂：北京人民印刷厂

全套面值：0.12元

知识百花园

十三陵位于北京西北郊的天寿山下，分布在40平方千米之内，明代，除代宗朱祁钰葬于北京西郊金山外，其他13个皇帝及其后妃都葬在这里，前后修建达200多年。十三陵由长陵（成祖朱棣）、献陵（仁宗朱高炽）、景陵（宣宗朱瞻基）、裕陵（英宗朱祁镇）、茂陵（宪宗朱见深）、泰陵（孝宗朱祐樘）、康陵（武宗朱厚照）、永陵（世宗朱厚熜）、昭陵（穆宗朱载垕）、定陵（神宗朱翊钧）、庆陵（光宗朱常洛）、德陵（熹宗朱由校）、思陵（思宗朱由检）组成，以明代第三个皇帝朱棣的长陵修建最早，规模最大。十三陵水库位于十三陵的南部，建在昌平县（现为昌平区）温榆河支流东沙河上，是北京重要的水利工程。

邮票解析

图2-1【修建】十三陵水库于1958年5月开始动工建设，当时动员40万工农商学兵参加劳动。5月25日，毛泽东和周恩来率领其他中央领导同志，到水库工地参加义务劳动，使工地建设者备受鼓舞，干劲空前，水库主体工程拦洪大坝仅用140天便胜利竣工，创造了新中国成立后水利建设速度的新纪录。

图2-2【全景】十三陵水库的主体工程拦洪大坝长627米，高29米，雄伟壮观。水库的建成，不仅可以防止温榆河泛滥成灾，而且可以灌溉25万亩的农田。在大坝的西头，建有一座水电站，并用库水养鱼，每年可产鱼125万千克。邮票主图为水库全貌，在大坝的卵石护坡上，镶嵌着毛泽东前来劳动时亲笔题写的“十三陵水库”五字。现在十三陵水库早已成为首都北京一个风景优美的游览区了。

苏联人造地球卫星

发行日期：1958.10.30

3-1

3-2

3-3

（特25）

3-1	（139）	第一颗人造卫星	4分	600万枚
3-2	（140）	第三颗人造卫星	8分	1000万枚
3-3	（141）	红色卫星环绕全世界	10分	400万枚

邮票规格：30 mm × 25 mm

齿孔度数：14度

整张枚数：110枚

版　别：雕刻版

设计者：孙传哲

雕刻者：孔绍惠、高品璋、孙鸿年

印刷厂：北京人民印刷厂

全套面值：0.22元

知识百花园

1957年10月4日，苏联成功地发射了第一颗人造地球卫星。苏联这颗人造地球卫星的成功发射，开辟了人类征服宇宙的道路，标志着世界将跨入航天的新时代，意味着全球信息革命的开始，开创了人类科学的新纪元。

邮票解析

图3-1【第一颗人造卫星】邮票主图为苏联于1957年10月4日发射的第一颗人造卫星正在正常飞行的情景。邮票画面左侧为制造于15世纪的明代正统年间的浑仪形象。1900年，八国联军入侵北京，这架浑仪被掠往德国，第一次世界大战后才重新回到祖国。第二次世界大战期间，日本侵略者再次进行破坏，仪身被损伤，龙爪被砍断，许多附属仪表也荡然无存。设计者正是通过展示中国古代浑仪与苏联人造卫星的内在联系，说明国际科学界公认的事实——中国古代的科学技术是现代航天事业的基础。

图3-2【第三颗人造卫星】邮票主图为苏联第三颗人造卫星正在围绕地球飞速旋转的情景。卫星上装有用于遥测、遥控和跟踪的电子仪器，以保持卫星与地面接收站的通讯联络以及信息传输，其头部的天线用来确保这些仪器的工作。

图3-3【红色卫星环绕全世界】邮票主图为在太空中，苏联发射的三颗人造卫星围绕地球旋转的情景。除第一、第三两颗外，第二颗人造卫星是1957年11月3日成功发射的。

林业建设

发行日期：1958.12.15

4-1

4-2

4-3

4-4

（特27）

4-1 （144）森林资源　　8分　　750万枚

4-2 （145）保护森林　　8分　　850万枚

4-3 （146）油锯伐木　　8分　　750万枚

4-4 （147）绿化祖国　　8分　　850万枚

邮票规格：（1、2图）26.5 mm × 34 mm，（3、4图）34 mm × 26.5 mm

齿孔度数：14度

整张枚数：90枚

版　别：雕刻版

设计者：刘硕仁

雕刻者：唐霖坤、孔绍惠、高品璋、孙鸿年

印刷厂：北京人民印刷厂

全套面值：0.32元

知识百花园

为宣传新中国成立以来我国林业建设的成绩，邮电部发行了这套特种邮票。4幅画均采用我国著名画家黄永玉的木刻原画，并用雕刻版印制。其中第一枚《森林资源》，被英国《集邮者年鉴》评为1959年年度世界十大佳邮之一。

邮票解析

图4-1【森林资源】我国森林主要集中在东北、西南以及东南的福建和台湾东部。大兴安岭是我国最大的针叶林区，分布着大面积的落叶松、白桦树和樟子松，苍茫林海，连峰续岭，被誉为“森林宝库”。小兴安岭和长白山以红松、落叶松居多，素有“红松故乡”之称。据统计，我国至少有170多种松柏类植物，其中最名贵的金钱松是我国特有的，在我国长江中下游的温暖地区均有分布。云南省的西双版纳，号称“热带植物园”，这里的原始森林中处处可见橡胶、金鸡纳树、油棕、椰子、杧果等经济类树木。台湾地区有大量樟树，所产天然樟脑，举世闻名。在我国的7000多种木本植物中，乔木就有2800多种。古老的种子植物——裸子植物，全世界现有13个科700余种，我国就有12个科300多种，其中银杉、银杏、水杉都是我国特有的。在被子植物中，珙桐、杜仲、喜树、观光木为我国特有。在作为

工业原料的植物中，油桐、漆树、樟树和竹的数量居世界第一。我国还有300多种果树。

图4-2【保护森林】保护森林的首要任务是防止森林火灾，其次是防治森林病虫害、防止森林乱砍盗伐。邮票画面为荷枪实弹的护林马队出没在深山密林中的情景。

图4-3【油锯伐木】伐木属森林工业，使用的工具有链锯和伐木联合机，其中链锯又分为用电力驱动的电锯和用汽油发动机驱动的油锯。邮票主图为林业工人操纵油锯伐木的场面。

图4-4【绿化祖国】据统计，地球上的森林一年放出的氧超过全世界人口呼吸所需氧的10倍，且能消耗掉大量的二氧化碳，实为地球上“绿色的肺”。造林绿化可谓有百利而无一害之举。毛泽东主席在1956年就向全国人民发出“绿化祖国”的号召，随后又提出“实行大地园林化”的远大目标。1958年中共八届六中全会上通过的《关于人民公社若干问题的决议》中，确定了改造自然、发展生产、绿化全国的具体任务。在“以粮为纲，全面发展”的方针指引下，大力开展植树造林，进行宅旁、路旁、村旁、水旁的“四旁”绿化，大兴山水草木之利，使大地皆园林，美化全中国。邮票主图为人民群众在秃坡荒山上植树的场面。

集邮小知识

新中国最早的邮资明信片

新中国最早的邮资明信片是中国人民邮政于1949年发行的。邮资明信片的图案为天安门，黄绿色，面值为2 500圆（旧币，下同），另加纸费500圆。凸版印制。

我国第一个原子反应堆和回旋加速器

发行日期：1958.12.30

2-1

2-2

（特28）

2-1 （148）原子反应堆 8分 750万枚

2-2 （149）回旋加速器 20分 350万枚

邮票规格：38 mm × 27.5 mm
齿孔度数：14度
整张枚数：80枚
版　别：雕刻版
设计者：孙传哲、刘硕仁、吴建坤
雕刻者：孙经涌、孙鸿年
印刷厂：北京人民印刷厂
全套面值：0.28元

知识百花园

我国第一个实验性原子反应堆和回旋加速器，由苏联援助于1958年6月30日建成运转，并在10月生产出33种放射性同位素，标志着我国跨入了原子能的新时代。

为庆祝和宣传我国在现代科技上的这一伟大成就，邮电部发行了这套特种邮票。

邮票解析

图2-1【原子反应堆】原子反应堆是一种能使原子核裂变有控制地持续进行的重要设备。铀在受到慢中子的袭击以后，分裂成2个质量相近的碎片或2～3个快中子，同时放出巨大能量。而这些新生成的中子还会与铀的原子核相碰撞，再次引起这种分裂，此即为连锁反应。原子反应堆就是利用这种原理，使连锁反应继续下去，产生大量的能量。天然的铀元素含有铀238和铀235两种同位素。其中不易裂变的铀238占99.3%，而在慢中子的作用下容易裂变的铀235却只有0.7%。为了维持连锁反应，首先要把裂变放出的快中子慢化，使中子速度降低的物质叫减速剂，也称慢化剂，有重水、轻水、石墨、铍等，其中重水不容易吸收中子，减速效率高。我国这座原子反应堆即以重水作为减速剂，所以又称重水反应堆。其次是使铀235的成分加多，把铀235加浓。我国原子反应堆是用加浓铀为燃料的。为了控制反应堆的输出功率，使它启动或停止运转，通常用容易吸收中子的物质镉、硼等做成控制棒，来左右中子的再生率。反应堆按照不同的目的和要求，有许多形式，如动力

反应堆可用来发电，实验反应堆可进行科学研究等。

图2-2【回旋加速器】它是使带电粒子通过加速获得可与光速比拟的很高速度的装置，是研究原子核和基本粒子的重要设备。其工作原理是，带电粒子周期性地受到电场的作用由高电势到低电势，使其位能转换成动能，从而得到很高的速度。在实际的装置中，产生电场的电极是由2个中空而扁平的半圆形金属盒（叫D形盒）所组成，它们都放在很强的磁场中并抽成真空。由于带电粒子的运动方向永远与磁场的方向垂直，所以带电粒子在D形盒中的运动轨迹是一个圆周。在两个D形电极之间加一个高频率的交流电压，它的频率正好使粒子每次经过两个D形电极间的缝隙时，受到电场的作用而得到加速。带电粒子转1圈的时间是不变的，速度小转的圈小，反之就大。这样，它每转1圈被加速2次，绕的圈子也越来越大，呈一个螺旋线状，最后到达电极的边缘，就被引出来打在产生核反应的靶子上。加速的交流电压不高却能使粒子多次得到加速，这就是回旋加速器的特征。这种被加成高速的粒子，可以作为弹去轰击某种元素的原子核，达到探索原子核秘密的目的；也可以制造放射性同位素，在工农业、医疗卫生事业中广泛应用，如离子掺杂、工业探伤、种子辐照、辐照治癌等。

集邮小知识

中国最早的邮票

中国最早的邮票是大龙邮票，该邮票是由清朝政府设在海关的邮政机关于清光绪四年（1878）发行的。此邮票最初设计的邮票图案有：“万年有象”（一只大象驮着一盆万年青）、“二龙戏珠”“宝塔”等，但都未被采用；而采用的图案是一条腾云驾雾的龙，故被称之为“大龙邮票”。因为当时是在海关试办邮政，所以又叫“海关大龙票”。该邮票全套3枚，面值分别是绿色的1分银、红色的3分银和黄色的5分银。

苏联宇宙火箭

发行日期：1959. 9. 10

1-1

（特33）

1-1 （161）宇宙火箭在运行　　8分　　900万枚

邮票规格：28 mm × 22 mm
齿孔度数：11.5度
整张枚数：100枚
版　别：影写版
设计者：刘硕仁
印刷厂：北京邮票厂
全套面值：0.08元

知识百花园

图1-1【宇宙火箭在运行】当宇宙火箭获得的速度超过7.9千米／秒的第一宇宙速度时，就能环绕地球飞行；超过11.2千米／秒的第二宇宙速度，就能环绕太阳飞行；超过16.7千米／秒的第三宇宙速度，就可以飞向其他恒星。1959年1月2日，苏联继1957～1958年连续发射三颗人造地球卫星之后，又成功地发射了宇宙火箭，这颗飞行器由多级火箭组成，其最后一级超过了11.2千米／秒的第二宇宙速度，成为环绕太阳飞行的一颗人造行星。发射后，于1月2日莫斯科时间20时整至1月7日，大约5天中这颗火箭曾经过月球旁边，为人类向月球挺进做了试探。邮票画面即为苏联宇宙火箭飞向天宇的情景，标志着人类的航天事业进入了新阶段。

集邮小知识

最早的邮票商店

中国最早的邮票商店是1914年由张景盂先生创办的。地址是苏州蔡汇河头40号，店里除卖目录上的票品外，还售外国特殊品种的邮票，一般都在1元以上，并经常更换品种。

人民公社

发行日期：1959.9.25

12-1

12-2

12-3

12-4

12-5

12-6

12-7

12-8

12-9

12-10

12-11

12-12

（特35）

12-1	（164）人民公社好	8分	800万枚
12-2	（165）工	8分	800万枚
12-3	（166）农	8分	800万枚
12-4	（167）商	8分	800万枚
12-5	（168）学	8分	800万枚
12-6	（169）兵	8分	800万枚
12-7	（170）食堂	8分	800万枚
12-8	（171）托儿所	8分	800万枚
12-9	（172）敬老院	8分	800万枚
12-10	（173）卫生保健	8分	800万枚
12-11	（174）文娱生活	8分	800万枚
12-12	（175）工农商学兵相结合	8分	800万枚

邮票规格：22 mm × 27 mm

齿孔度数：11.5度

整张枚数：100枚

版　别：雕刻版

设计者：孙传哲、韩象琦、卢天骄、吴建坤、万维生

雕刻者：孔绍惠、孙鸿年、唐霖坤、高品璋

印刷厂：北京邮票厂

全套面值：0.96元

知识百花园

我国农村人民公社化运动，是1958年8月《中共中央关于在农村建立人民公社问题的决议》做出后，在全国发动起来的。

为配合人民公社化运动，邮电部发行了这套特种邮票。

邮票解析

图12-1【人民公社好】邮票画面上，工厂林立，五谷丰登，上书“人民公社

好”五个大字。这是1958年8月6日，毛泽东在视察河南省新乡七里营时所题。

图12-2【工】邮票画面为人民公社一位农民正在利用小土高炉进行炼铁的情况。

图12-3【农】邮票画面为人民公社一位农村妇女肩扛着沉甸甸的麦穗，展现了农业丰收的情景。

图12-4【商】邮票画面为人民公社供销社的女售货员正在丈量布匹的情况。

图12-5【学】邮票画面为人民公社社员学习文化和科普知识的情形。

图12-6【兵】邮票画面为人民公社民兵的全副武装英武形象，反映劳武结合的情况。

图12-7【食堂】邮票画面为一位女炊事员正在给就餐的社员们上菜上饭，反映人民公社办大食堂的情况。

图12-8【托儿所】邮票画面为一个农村小姑娘正在浇花，反映了人民公社社员的子女在托儿所里成长的情况。

图12-9【敬老院】邮票画面为一位生活在敬老院里的农村老翁面带微笑的形象，反映了人民公社社员老有所养的情况。

图12-10【卫生保健】邮票画面为一位身背药箱出诊的女卫生员的形象，反映了人民公社医疗卫生事业的发展情况。

图12-11【文娱生活】邮票画面为人民公社文化娱乐活动，一位青年社员正在吹奏横笛的情况。

图12-12【工农商学兵相结合】邮票画面为绽开的一朵艳丽的鲜花，表现人民公社生命力的强大和旺盛。

苏联月球火箭及行星际站

发行日期：1960. 4. 30

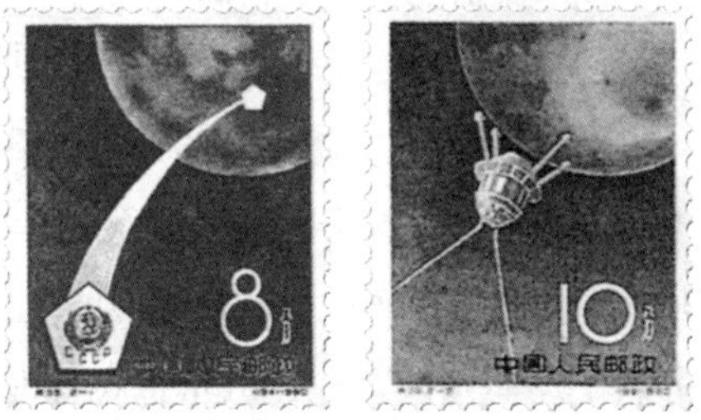

2-1　　　　　2-2

（特39）

2-1 （194）月球火箭　　8分　　1000万枚

2-2 （195）行星际站　　10分　　300万枚

邮票规格：22 mm × 27.5 mm

齿孔度数：11.5度

整张枚数：100枚

版　别：雕刻版

设计者：吴建坤

雕刻者：高品璋、孙经涌

印刷厂：北京邮票厂

全套面值：0.18元

知识百花园

1959年，苏联相继成功地发射了月球火箭和行星际站，实现了人类第一次从一个星球到另一个星球的飞行，把一个自动行星际站送上了预定的轨道。这是人类空间科学上的重大突破，我国邮电部为此发行了这套特种邮票，以示祝贺。

邮票解析

图2-1【月球火箭】1959年苏联发射的第二颗宇宙火箭，飞行了37万1000千米，于莫斯科时间9月14日零时2分24秒，准确地到达“澄海”以东，阿里斯基尔、阿基米德、奥托利克三座环形山附近的月球表面，将一枚苏联国徽标记送上了月球，并完成了科学考察任务。这是人类对地球至月球之间的宇宙空间，首次通过直接测量而获得了第一手资料，为人类挺进月球开辟了道路。接着，1961年4月12日，苏联宇航员尤里·加加林乘“东方1号”卫星式飞船实现了人类历史上第一次宇宙飞行。飞船用了108分钟绕地球一周，这史无前例的壮举使全世界为之震惊。美国要“在月球上击败苏联”，美国国会在1961年正式批准了“阿波罗”载人登月十年计划，动员2万多家厂商，约120所大学，用了近300亿美元，终于在1969年7月16日发射“阿波罗11号”载人登上了月球，这是人类第一次登月。邮票画面即标示出月球火箭把苏联国徽送上月球的具体地点的情形。

图2-2【行星际站】1959年10月4日，苏联成功地发射了第三颗宇宙火箭，把一个重278.5千克的自动行星际站送到了预定的轨道。行星际站是一种能按照一定轨道在行星际空间运行，并装有各种科学探测仪器，运用无线电遥控、遥测技术进行广泛科学考察的人造天体，它也可以作为宇宙飞行器的起飞站、加油站和返回站等。这是人类送进星际空间的第一个实验室。10月7日，自动行星际站绕到月球背面，在离月球表面6～7千米的地方，拍摄了第一张月球背面照片。现在借助这张照片，可以看到85%以上的月球表面，为征服月球提供了依据。1959年10月27日苏联报纸上刊发了月球背面照片，再一次掀起了世界性的轰动。邮票画面为自动行星际站正在近月球处运转的情况。

爱国卫生运动

发行日期：1960.9.10

5-1

5-2

5-3

5-4

5-5

（特43）

5-1	（205）厂矿卫生	8分	460万枚
5-2	（206）除四害	8分	460万枚
5-3	（207）讲卫生	8分	460万枚
5-4	（208）预防疾病	8分	440万枚

5-5（209）锻炼身体　　8分　　440万枚

邮票规格：22 mm × 26 mm

齿孔度数：11.5度

整张枚数：100枚

版　别：影写版

设计者：卢天骄

印刷厂：北京邮票厂

全套面值：0.40元

知识百花园

为宣传推动爱国卫生运动，把“爱清洁，讲卫生”深入持久地进行下去，邮电部发行了这套《爱国卫生运动》特种邮票。

邮票解析

图5-1【厂矿卫生】在工业生产中，为保护职工健康，国务院于1956年发布了《工厂安全卫生规程》，对厂矿的工作场所、机械设备、电气设备、锅炉和气瓶、气体粉尘和危险物品、供水生产辅助设施等方面必须具备的具体安全设施和卫生要求，以及个人保护用品的安全卫生等都做出了明确的规定，以保证劳动者的身心健康。邮票画面为炼钢工人利用喷雾风扇进行降温通风的情景。

图5-2【除四害】在爱国卫生运动中，因苍蝇、蚊子、老鼠、臭虫对人类的健康具有严重的威胁，被定为必除的“四害”，以防止伤寒、霍乱、结核和痢疾等疾病病原菌的传播。邮票画面为利用喷雾器喷洒杀虫药剂除“四害”的情景。

图5-3【讲卫生】讲卫生是防止疾病发生、保证身体健康的重要手段。邮票画面为擦玻璃、扫院子、晒被褥、吐痰入盂、食具消毒的情景，表明我国城乡居民已养成讲究卫生的良好习惯。

图5-4【预防疾病】建立身体检查制度，以便于对疾病早发现、早确诊、早治疗，这是保证健康的重要措施。邮票画面为儿童进行体检、患者疗养、防疫注射、测量身高的情景。

图5-5【锻炼身体】生命在于运动，运动使人健康、长寿。导引是我国最早的一种医疗保健体操，它起源于我国的远古时期。五禽戏是我国汉末著名医学家华佗在导引基础上创造的一种医疗保健体操。易筋经和八段锦，是在导引和五禽戏之后发展起来的一种简便易行的保健体操。另外还有各类拳术及现代种种锻炼手段。人的身体经过体育锻炼，无论是筋骨和肌肉都会发生变化，正如《易筋经 · 总论》中所阐述的：原来身体发育不正常的，体质非常弱的，甚至于肌肉萎缩无力的人，通过体育锻炼都可以促使他们发育正常，筋骨肌肉舒展，全身力量增加。即使是虚弱的人，只要坚持锻炼，也会使身体变得像“铁石”一样。邮票画面为一位老翁正在进行健身锻炼以及踢足球、打网球、跳绳、赛跑、做体操的情景。

集邮小知识

提高邮票知识的技巧

集邮爱好者、集邮工作者、集邮经营者和集邮投资者都面临一个提高邮识的问题。邮识提高了，对组编邮集、撰写邮文、辅导后进、辨别真伪、投资保值等都很有实际价值。那么，怎样来提高邮识呢?这就先得从什么叫邮识谈起。“邮识”顾名思义是指与“邮”有关的知识。“邮”包括邮政、邮票和集邮。因此我们说，这三方面的综合知识即“邮识”，如狭义地来理解邮识，则仅指集邮知识。

提高邮识有在实践中提高、在理论上提高和在活动时提高等几种方式。在实践中提高是指收集面要大一点儿，除邮票外，邮政用品和实寄封片最好都能涉及。以前我们说古今中外邮票都集点儿，可尽量多地认识邮票。现在看，这句话是不现实的，把这句话改为新中国各个票种的邮票都碰碰还是做得到的。这个“碰”，包括集、看、摸，即有条件的就集；无条件的去看，在邮展中看或在邮友、邮商簿册中看；有机会的就摸，对各种邮品体验一种手感。这些都是在实践中积累邮识的很好方法。

在理论上提高，主要是指多读集邮书刊和多翻邮票目录，最好还要阅览国内外邮品拍卖目录和邮商价目表，这其中以参考邮票目录为最实用，尤其是目录中刊登的邮票图案、面值、发行日期、版别、全套枚数、齿度、刷色、价格以及版模区分等均极为重要，最好能熟记并背出。当然，相关的邮政知识如邮资、邮戳等资料也要多方面积累。

在活动时提高是指多参与各项集邮活动，包括参加集邮组织、聆听邮学报告、参观集邮展览、与邮友及邮商开展交流以及请教集邮行家和邮学专家等。

以上各种提高邮识的方法不是孤立的，而是尽可能地有机结合。不管采取哪种方法，主要还是以自己的虚心好学、不断钻研为根本。熟能生巧，勤奋出天才。

中国制造第一艘万吨远洋货轮

发行日期：1960.12.15

1-1

（特32）

1-1　（160）远洋货轮　8分　900万枚

邮票规格：22 mm×26.5 mm

齿孔度数：11.5度

整张枚数：100枚

版　别：影写版

设计者：孙传哲

印刷厂：北京邮票厂

面值：0.08元

知识百花园

我国早在2000多年前的秦汉时期，造船业就已经相当发达，当时的造船中心有长安、苏州、福州和广州等数十处之多，能制造多种船舶。15世纪时郑和率领庞大船队七下西洋的壮举，标志着中国古代造船业在当时世界上居领先地位。

但是到了近代，由于帝国主义、封建主义和官僚资本主义的反动统治，我国造船业落后于世界造船工业发达的国家。新中国成立后，不到10年的时间，我国的船舶工业从修船发展到造船，从转让仿制发展到自行设计建造，从建造小型船舶发展到建造具有一定水平的现代化大型船舶，并取得了巨大的成果。

1960年12月15日，邮电部发行了这套《中国制造第一艘万吨远洋货轮》特种邮票。主图为“跃进号”，由大连造船厂制造的第一艘万吨级远洋货轮，总长169.9米，宽21.8米，马力13000匹，排水量22100吨，载货量15930吨，满载时吃水9.7米，船速每小时18.5海里（1海里为1.852千米），续航能力12000海里，装有高度自动化和电气化设备，于1958年11月27日建成下水。

1963年4月30日，“跃进号”满载货物，从青岛港开出，驶向日本。5月1日中午，船航行到济州岛附近海域时，触礁沉没，59名船员遇救。

另据1982年9月23日《人民日报》第八版刊载的《我国最早出口的万吨轮》一文指出，早在20世纪20年代，我国的江南造船所就为美商制造了4艘万吨轮，其中第一艘“官府号”于1920年6月下水。所以，这艘“官府号”才是中国制造的第一艘万吨级远洋货轮。

西藏人民的新生

发行日期：1961.11.25

5-1

5-2

5-3

5-4

5-5

（特47）

5-1	（238）翻身曲	4分	530万枚
5-2	（239）幸福从此扎下根（播种）	8分	900万枚
5-3	（240）庆丰收	10分	400万枚
5-4	（241）过去是奴隶，今天当代表（民主生活）	20分	300万枚

5-5 （242）幸福的一代　　30分　　1500万枚

邮票规格：26.5 mm × 35.5 mm

齿孔度数：11.5 × 11度

整张枚数：50枚

版　别：影写版

设计者：刘硕仁

原画作者：潘世勋

印刷厂：北京邮票厂

全套面值：0.72元

知识百花园

为反映西藏民主改革的伟大胜利和西藏的新面貌，邮电部发行了这套《西藏人民的新生》特种邮票。5幅画面均取自组画《翻身曲》，系我国著名画家潘世勋创作。

邮票解析

图5-1【翻身曲】邮票画面为挣脱残酷农奴制的西藏人民，正踏着轻快的脚步，为进一步摆脱落后和贫困，前进在社会主义的大道上，奏响了一支欢乐优美的翻身曲。

图5-2【幸福从此扎下根（播种）】邮票画面为一位藏族妇女正把希望的种子播撒在自己的土地上，远处的牦牛也正在繁忙地耕作，反映了翻身后的西藏人民建设新西藏、创造新生活的干劲和决心。

图5-3【庆丰收】邮票画面即描绘了藏族同胞载歌载舞，欢庆丰收的场面。

图5-4【过去是奴隶，今天当代表（民主生活）】邮票画面为西藏翻身农奴出席人民代表大会的场景，表现了西藏人民政治地位的提高和当家作主的欣慰。

图5-5【幸福的一代】解放和改革后，西藏的科技教育事业有了很大的发展。1961年，西藏已经建起公立小学40所，民办小学1896所，在校学生58299人。新建了5所中学和师范，共有学生678人。1956年4月22日，西藏第一张报纸——《西藏日报》创刊。邮票画面为西藏少年儿童放下书包，专心绘画的情景。

工业新产品

发行日期：1964. 3. 30

8-1

8-2

8-3

8-4

（特62）

8-1	（352）移动式变压器	4分	300万枚
8-2	（353）电子显微镜	8分	500万枚
8-3	（354）仿形车床	8分	500万枚
8-4	（355）立式车床	8分	500万枚

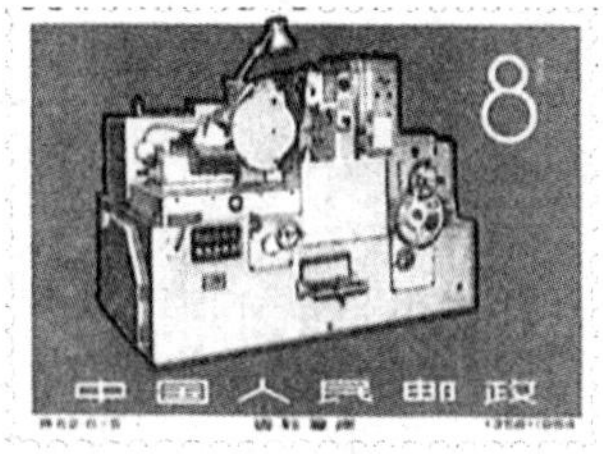

8-5

8-6

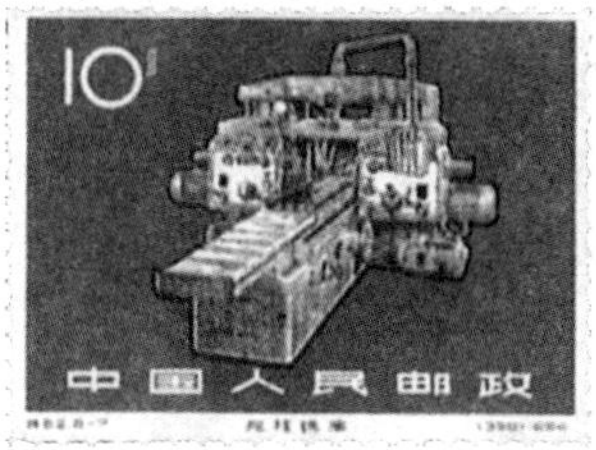

8-7

8-8

（特62）

8-5 （356）齿轮磨床 8分 500万枚

8-6 （357）自由锻造水压机 10分 200万枚

8-7 （358）双柱铣床 10分 200万枚

8-8 （359）静电加速器 22分 130万枚

邮票规格：（1、3、5、7图）36.5 mm×26 mm，（2、4、6、8图）26.5 mm×36 mm

齿孔度数：11.5×11度

整张枚数：50枚

版　别：影雕版

设计者：刘硕仁

雕刻者：高品璋、孔绍惠、孙鸿年

印刷厂：北京邮票厂

全套面值：0.78元

知识百花园

从1956年开始，我国开始转入全面建设社会主义时期。1958年5月，制定了社会主义建设的总路线，确定了“在重工业优先发展的条件下，工业和农业同时并举；在集中领导、全面规划、分工协作的条件下，中央工业和地方工业同时并举，大型企业和中小型企业同时并举”的方针，广大工人、干部和技术人员的社会主义建设积极性被充分调动起来，全国各地涌现出大量的中小型企业，在我国内地、沿海和少数民族地区建立了一些现代化工矿企业，奠定了中国工业的基础。通过大规模的技术革新和技术革命运动，研制出不少工业新产品，据统计，仅1965年试制成功的新产品就达1000多种，充分显示出社会主义制度的优越性和我国工业化建设的成功。

为宣传我国工业建设新成果，邮电部发行的这套《工业新产品》特种邮票，所选8种新产品均具代表性，标志着中国工业的新水平。

邮票解析

图8-1【移动式变压器】变压器是一种利用电磁感应作用改变交流电压和电流的电气设备。一般由硅钢片叠成或卷成的铁心和套在其上的一个或几个绕组构成，通常有单相和三相、心式和壳式之分。邮票画面上的这台移动式变压器，由沈阳变压器厂制造，安装在铁路平板车上，用于铁路沿线的事故急救，电力检修或临时增加电力负荷之用。

图8-2【电子显微镜】电子显微镜是利用高速运动的电子束代替光线作为工作媒体制成的一种显微镜。电子束具有波动特性，其波长仅为可见光波长的十万分之一，约0.05埃（一埃等于一千万分之一毫米），能大大提高显微镜的分辨本领。邮票画面上的这台电子显微镜，其分辨能力达到7埃，放大倍数达20万倍，为我国第一台一级大型电子显微镜。1965年8月8日在上海研制成功。可广泛应用于金属物理学、高分子化学、微电子学、生物学、医学以及工农业生产的各个领域，是我国具有精密仪器制造能力的标志。

图8-3【仿形车床】仿形车床为大连机床厂制造。它能够按照样板和实物形状，通过液压控制系统，带动刀具，切削出同样形状的零件。它应用范围极为广泛，可成倍提高工作效率。

图8-4【立式车床】立式车床由武汉重型机床厂制造。它自身重达200多吨，可以加工直径6.3米、高3.2米、重80吨的圆柱形工件，如水轮机大转子、底环、高炉炉顶等大型零件。其加工零件的椭圆度误差不超过0.03毫米，是我国第一台直径6.3米重型立式车床。

图8-5【齿轮磨床】这台H053型小模数齿轮磨床，是上海机床厂于1963年制造的。它可以磨削直径10～15毫米，模数为0.1～1.5的正齿轮。加工精度齿距误差小于3微米（1微米等于千分之一毫米），即相当于1根头发粗细的1／25。到1966年，世界上生产这种精度的机床设备的国家，只有英国、瑞士等，这表明我国这台磨床已跨入世界先进水平的行列。

图8-6【自由锻造水压机】水压机是液压机的一种，它是利用帕斯卡定律制成的锻压机器。帕斯卡原理指出："在一个封闭而充满液体的容器中，若对液体任何一点施加单位压力，则液体就会将同样大小的单位压力传递到这个容器的每个地方。"邮票画面上的这台1.2吨自由锻造水压机，就是基于此原理。其由上海江南造船厂于1962年6月制成的，它是由4根直径1米、长18米的大钢柱，上、中、下3根各重百吨的大横梁以及100多块大型钢板焊接装配而成的。只需1人操纵便能够锻打200～300吨重的特大钢锭，适用于锻造冶金、化工、发电、机械等工业部门所需要的大型锻件，显示了我国重型机械的制造水平。

图8-7【双柱铣床】双柱铣床是1964年由北京第一机床厂制造的。它的2根柱上各装有1个卧铣头，能加工长1.6米、宽0.5米的机器零件，如汽缸体、变速箱体等。1米以内不平度误差不超过0.03毫米，粗糙度达到6级，这已是比较高的水平。

图8-8【静电加速器】加速器是使带电粒子通过加速获得很高速度（可与光速比拟）的装置。它是研究原子核和基本粒子的重要设备。它通过电压很高的静电场，把粒子加速到具有几百万电子伏特的能量，以轰击原子和分子，引起变化。所产生的"伽马"射线，用于工业探伤、种子辐照和肿瘤治疗等，是进行原子能研究和辐射源应用的重要仪器。邮票画面上的这台静电加速器，是1963年由上海先锋电机厂与科研单位、大专院校通力协作研制成功的，是我国第一台20万伏的电子静电加速器。

知识青年在农村

发行日期：1964.9.26

4-1

4-2

4-3

4-4

（特66）

4-1 （380）收割 8分 600万枚

4-2 （381）种树 8分 600万枚

4-3 （382）学习　　　8分　　600万枚

4-4 （383）科学实验　　8分　　600万枚

邮票规格：26.5 mm × 36 mm

齿孔度数：11度

整张枚数：50枚

版　别：影写版

设计者：邵柏林

印刷厂：北京邮票厂

全套面值：0.32元

知识百花园

知识青年上山下乡出现在20世纪50年代。1955年8月11日，《人民日报》发表社论：为了调整国民经济，党中央决定大量精减职工，减少城镇人口，知青上山下乡就显得更加必要。中央和各地成立了安置城市知青下乡的专门机构，知青上山下乡成为在全国范围内有组织有计划开展的一项工作。在下乡知青中，有不少是主动响应党和国家号召，放弃升学、就业机会，立志从事农村和边疆建设。他们把自己一生中最宝贵的年华献给了农村、边疆，在知识青年建设社会主义新农村和边疆的事业中，起到了开拓者的作用。

为此，邮电部发行这套《知识青年在农村》特种邮票。设计者在4幅画面中，运用装饰画技法，展示了知青在农村的生活。

邮票解析

图4-1【收割】描绘两位女知识青年使用弯把镰刀，正在收割小麦的劳动情景。

图4-2【种树】描绘男女知青栽树的情景，小鸟和太阳的出现，更渲染出一种茁壮成长的意境。

图4-3【学习】描绘劳动之余，知青们正在读《人民日报》的情景。

图4-4【科学实验】描绘一位男知青正在向老农请教种田经验、从事科学试验的情景。

石油工业

发行日期：1964. 10. 1

5-1

5-2

5-3

5-4

（特67）

5-5

（特67）

5-1	（384）地震勘探	4分	400万枚
5-2	（385）钻井	8分	500万枚
5-3	（386）采油	8分	500万枚
5-4	（387）炼油	10分	200万枚
5-5	（388）运油	20分	100万枚

邮票规格：（1、5图）48.5 mm × 27 mm，（2、3、4图）27.5 mm × 48 mm

齿孔度数：11.5度

整张枚数：50枚

版　别：影写版

设计者：刘硕仁

印刷厂：北京邮票厂

全套面值：0.50元

知识百花园

为祝贺我国石油工业的蓬勃发展，在举国欢庆新中国成立15周年之际，邮电部发行了这套《石油工业》特种邮票，5幅画面展示了中国石油工业的新面貌。

邮票解析

图5-1【地震勘探】地震勘探是一种地球物理勘探方法。利用炸药爆炸或非炸药震源装置产生的弹性波，在地壳内的传播过程中，如遇岩层分界面，发生反射或折射，回到地面，用地震仪器记录下来，以测出弹性波的传播时间、振动形状和速度，来确定该界面的深度和形状，判断出组成这些地层的岩石成分和性质，为是否钻探提供依据。邮票画面为装有记录地震波设备的汽车。当时为电子管仪器，现已从磁带地震仪发展到数字地震仪了。

图5-2【钻井】在石油生产过程中，为调查地下储油情况或开采石油，用钻井机在地层中钻眼，称钻井。邮票画面为耸立在油田的高大井架，其左边为钢套管，右下边为绞车，钻机的钻头连在钻杆上深入地下岩层，正在钻井的情景。当时使用的是中型钻机，只打1000多米深。现在的大型钻机，可打3000米以上的深井。

图5-3【采油】在已探明的油田上，通过已钻好的油井，把原油从井底采到地面。经过油、气分离，将油、气输至输油站。采油方法有：自喷采油法、深井泵采油法和气举采油法等。邮票画面为自喷法。自喷油井是由许多闸门和3通或4通管组成，又叫“井口闸”。与油井的采油管道相连，通过控制，原油便可喷射到地面的集油管内。

图5-4【炼油】石油是一种深褐色或青褐色的天然油状可燃液体，从井中取出未经加工的石油叫作“原油”，必须经过炼油厂加工提炼，通过脱盐、脱水、蒸馏、重整、裂化、焦化、脱蜡、加氢、调和等加工过程，才可以生产出汽油、煤油、柴油、润滑油、润滑脂、固体石蜡、沥青、石油焦等产品，并可提供石油气以及苯类、正构烷烃等化工原料，用来制造塑料、合成橡胶、合成纤维、溶剂等。邮票画面即炼油厂外貌，使用的是常减压炼油装置。

图5-5【运油】邮票画面上即一列铁路运输的油罐车整装待发的情景。现在除油罐车外，已铺设了许多条长距离输油管线，并建立了不少新的油港码头。管道输油已占70%以上，油轮水运占20%以上，运油效率成倍提高。

新安江水电站

发行日期：1964.12.15

4-1

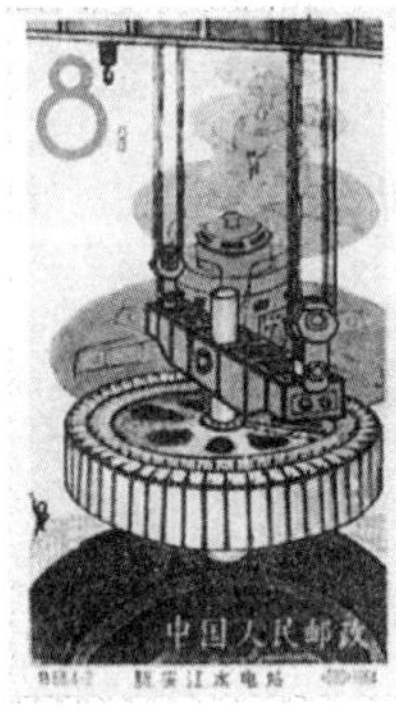

4-2

4-3

4-4

（特68）

4-1	（389）大坝施工	4分	400万枚
4-2	（390）安装	8分	500万枚
4-3	（340）拦河大坝	8分	500万枚
4-4	（341）送电	20分	100万枚

邮票规格：27.5 mm × 48 mm

齿孔度数：11.5度

整张枚数：50枚

版　别：影写版

设计者：吴建坤

印刷厂：北京邮票厂

全套面值：0.40元

知识百花园

1957年4月，国家计划5年在建德（白沙）动工修建新安江水电站，实际3年便已建成，1960年4月正式并网发电，主要供应以上海、南京、杭州为中心的江南一带建设用电。该电站是新中国第一座自己设计、施工的大型水电站，全部设备均为国内自己制造安装，充分显示出我国电站建设的能力和水平，这是新中国水电事业发展的重要标志。

为宣传这一成就，邮电部发行这套《新安江水电站》特种邮票。

邮票解析

图4-1【大坝施工】邮票画面为电站拦河大坝施工场面。

图4-2【安装】邮票画面为正在吊装发电机转子的场面。转子是发电机的主要部件，随发电机转轴旋转，从而达到发电的目的。这台72500千瓦的大型发电机组，是哈尔滨电机厂生产制造的。

图4-3【拦河大坝】邮票画面为电站拦河大坝全景。大坝长462米，高105米，全部由钢筋混凝土灌成。大坝上部为溢洪道，洪水由此奔泻。下部为发电厂房，全长216米，高42米，共安装9个72500千瓦和75000千瓦的发电机组，总容量为65万千瓦，年平均发电量约达19亿千瓦·时。大坝左侧为升压开关站，它由装配式钢筋混凝土构架组成，设有新式高压空气遮断器及其他设备，可分220千伏和110千伏两级电压向外供电。

图4-4【送电】邮票画面描绘了高压线网送电的场面。

化学工业

发行日期：1964.12.30

8-1

8-2

8-3

8-4

8-5

8-6

8-7

8-8

（特69）

8-1	（393）肥料	8分	500万枚
8-2	（394）塑料	8分	500万枚
8-3	（395）医药	8分	500万枚
8-4	（396）橡胶	8分	500万枚
8-5	（397）农药	8分	500万枚
8-6	（398）酸	8分	500万枚
8-7	（399）碱	8分	500万枚
8-8	（400）合成纤维	8分	500万枚

邮票规格：48.5 mm × 27 mm

齿孔度数：11.5度

整张枚数：50枚

版　别：影雕版

设计者：孙传哲

雕刻者：高品璋、孔绍惠、唐霖坤、孙鸿年

印刷厂：北京邮票厂

全套面值：0.64元

知识百花园

新中国成立后，随着社会生产力的发展，工农业生产的飞跃，从而推动了化学工业的迅速进步，到1964年，通过引进设备、技术，消化吸收，使我国的化学工业已基本建成一个门类齐全、技术先进的新兴工业部门。

为宣传新中国化学工业的伟大成就，邮电部发行了这套《化学工业》特种邮票。8幅画面为8种不同化工产品。

邮票解析

图8-1【肥料】化学肥料简称化肥，是用矿物、空气和水等为原料，经化学及机械加工制成。其特点是养分含量高，肥效快，施用和贮运方便。邮票画面以氮肥厂的合成氨设备为背景，描绘一位老农兴冲冲地抱着一袋化肥的情景。

图8-2【塑料】塑料是以合成或天然高分子化合物为主要成分的塑化物，具有质轻、绝缘、耐腐蚀、美观、易加工等特点，可以做绝缘材料、建筑材料以及各种工业的构造材料和零件，以及日用品。邮票画面即以生产塑料的主体设备聚合釜为背景，描绘了一位女工推出一堆各种塑料制品的情景。

图8-3【医药】新中国成立后，为了增强人民体质，防病治病，尽快摘掉“东亚病夫”的帽子，我国制药工业发展迅速，许多药厂如雨后春笋，研制和生产出许多新药、特药，如抗生素类就有青霉素、链霉素、合霉素、红霉素、氯霉素、金霉素、土霉素、四环素等。邮票画面以制药厂生产车间为背景，描绘了一位工人正在包装药品的情景。

图8-4【橡胶】橡胶是一种高弹性的高分子化合物。有天然橡胶和合成橡胶两大类。天然橡胶主要由橡胶树割取的胶浆经加工而成，合成橡胶由各种单体经聚合反应而得。没经硫化的生橡胶，遇冷变硬，遇热发黏，抗张强度低，弹性小，成形后不易保持一定形态，因此，不能广泛应用。邮票画面以轮胎厂的生产车间为背景，描绘工人正在检查轮胎质量的情景。

图8-5【农药】广义上是指农业上使用的化学品，包括杀虫剂、杀菌剂、除草剂等，还包括农业上使用的化肥等其他化学品。狭义上是指防治危害植物及农业的药剂以及能调节植物生长的药剂等。邮票画面即以农药厂的生产车间为背景，描绘了一位农村女社员在喷洒农药的情景。

图8-6【酸】一类能在水溶液中产生氢离子（H^+）的物质，溶液具有酸味。分为无机酸（如硫酸、盐酸、硝酸）和有机酸（如苹果酸、磺酸、羧酸）两大类。邮票画面以硫酸厂的生产车间为背景，描绘工人正在操纵开关生产硫酸的情景。

图8-7【碱】一类能在水溶液中电离而生氢氧离子（OH^-）的物质。溶液具有涩味，由碱金属或碱土金属组成的氢氧化物称为强碱，具有强烈的腐蚀作用，如氢氧化钠（又称“烧碱”）、氢氧化钾、氢氧化钙等。邮票画面以烧碱厂的生产车间为背景，描绘了一位工人正在给烧碱成品罐加盖的情景。

图8-8【合成纤维】利用人工合成纤维，是1938年研制成锦纶之后开始的，接着1941年氯纶问世，1942年腈纶诞生，1950年维纶研制成功，1957年研制成丙纶，这一系列合成纤维的出现，大大丰富了人们的物质生活。邮票画面以合成纤维厂的生产车间为背景，描绘了一位女工正在展示化纤花布的情景。

工业战线上的妇女

发行日期：1965. 11. 30

5-1

5-2

5-3

5-4

5-5

（特71）

5-1	（406）纺织工业	8分	600万枚
5-2	（407）机械工业	8分	600万枚
5-3	（409）建筑工业	8分	600万枚
5-4	（408）学习毛主席著作	8分	600万枚
5-5	（410）女民兵	8分	600万枚

邮票规格：26.5 mm × 36 mm

齿孔度数：11.5 × 11度

整张枚数：50枚

版　别：影写版

设计者：孙传哲

印刷厂：北京邮票厂

全套面值：0.40元

知识百花园

新中国成立后，妇女们翻身解放地位得到提高，享有与男人平等自由的权利，特别是走出家庭参加工作的权利。据统计，工业战线上的女职工队伍人数，1965年与1949年相比，已增加了10倍。实践证明，她们是工业战线上一支不可缺少的力量。

为了反映我国工业战线上的妇女状况，邮电部发行了这套《工业战线上的妇女》特种邮票。

邮票解析

图5-1【纺织工业】纺织工业是女工密集的一种行业。1951年，青岛纺织女工郝建秀创造出新的织布法，在此基础上，又集中了上海、天津和东北各地的先进经验，总结归纳出一种“一九五一织布工作法”。同年11月1日至21日，在天津召开了全国织布法大会，进行了普及和推广，从而使全国纺织行业呈现出你追我赶，共同跃进的局面，效率、品种、质量都大为提高，活跃了市场，满足了城乡人民的生活需要。邮票画面为两位纺织女工互相帮助、切磋技艺的情景。

图5-2【机械工业】机械工业是指从事各种动力机械、起重运输机械、农业机械、化工机械、纺织机械、机床、工具、仪器、仪表及其他机械设备等的设计和制造的工业部门。在机械行业中有不少女车工。东北机器制造厂女工尉凤英，从实践中努力钻研，勇于探索，在10多年里，不仅自己革新技术170多项，而且还领导着“红专大队”革新小组革新技术700多项，促进了机械行业的发展。邮票画面为两位女工在车床前检测工件质量、研究加工技艺的情景。

图5-3【建筑工业】建筑工业主要指从事建筑安装工程的生产活动，为国民经济和人民生活建造房屋、安装设备的生产部门。在建筑行业中，女电焊工为妇女在建筑工业中的典型代表。邮票画面即为女电焊工的形象。

图5-4【学习毛主席著作】从1963年2月至1966年春，在全国城乡广泛开展了一次大规模的社会主义教育运动。与此同时，在1964年2月9日召开的全国农业工作会议上，提出了农业学大寨的问题。同年2月5日，中共中央发出了《关于传达大庆石油会战情况报告的通知》，号召全国广大职工，广泛开展工业学大庆活动。在这一系列活动中，均以毛泽东思想为指针，认真学习毛主席著作。于是，在全国各行各业掀起了一个“读毛主席的书”的热潮。邮票画面即为3位女工在一起交流学习毛主席著作的情况。

图5-5【女民兵】工业战线上的女民兵是“全民皆兵”的一个组成部分，她们不仅参加生产劳动，而且履行民兵义务，积极参加军事训练活动。邮票画面即为一位全副武装的女民兵。

服务行业中的妇女

发行日期：1966.5.10

10-1

10-2

10-3

10-4

10-5

10-6

10-7

10-8

（特75）

10-9

10-10

（特75）

10-1	（435）一切工作都是为了革命	8分	600万枚
10-2	（436）列车员	8分	600万枚
10-3	（437）农村卫生员	8分	600万枚
10-4	（438）保育员	8分	600万枚
10-5	（439）清洁员	8分	600万枚
10-6	（440）理发员	8分	600万枚
10-7	（441）汽车服务员	8分	600万枚
10-8	（442）背篓商店售货员	8分	600万枚
10-9	（443）食堂服务员	8分	600万枚
10-10	（444）乡村邮递员	8分	600万枚

邮票规格：36.5 mm × 26 mm

齿孔度数：11 × 11.5度

整张枚数：50枚

版　别：影写版

设计者：卢天骄、杨白子、陈晓聪、潘可明

印刷厂：北京邮票厂

全套面值：0.80元

知识百花园

邮电部发行了这套《服务行业中的妇女》特种邮票，以10幅画面展示了服务行业中的妇女形象。

邮票解析

图10-1【一切工作都是为了革命】邮票画面为服务行业的妇女形象。

图10-2【列车员】在铁路客运列车上，列车员负责旅客安全旅行、搞好车厢卫生及其他服务工作。邮票画面为一位女列车员在扶老携幼的情景。

图10-3【农村卫生员】在农村，深入到千家万户，田间地头为农民送医送药、宣传防病知识、治疗病伤的是广大农村卫生员。邮票画面即为一位女卫生员在田间巡诊的情景。

图10-4【保育员】邮票画面为一位幼儿园女保育员带领孩子们欣赏大自然的情景。

图10-5【清洁员】被称为“马路天使”和“城市美容师”的清洁员，用辛勤的汗水把大街小巷打扫得干干净净，从而换来崭新的市容。邮票画面为一位女清洁员的形象。

图10-6【理发员】邮票画面为一位女理发员手持理发工具的形象。

图10-7【汽车服务员】邮票画面为一位女汽车售票员的形象。

图10-8【背篓商店售货员】翻山越岭，送货下乡，满足群众生产生活之需，人们称这种售货方式为“背篓商店”。邮票画面为一位女售货员背篓送货到山区的情景。

图10-9【食堂服务员】职工食堂、学生食堂、工人食堂、农民食堂，各类大小食堂遍布全国城乡各地，以满足人们的就餐之需，解决“民以食为天”的大问题。邮票画面为一位女食堂服务员的形象。

图10-10【乡村邮递员】为把书信、报刊及时送到千家万户，乡村邮递员不论数九隆冬、冰天雪地，也不管烈日炎炎或刮风下雨，都要往来奔波，十分艰苦。邮票画面为一位女乡村邮递员骑车送信的情景。

轮　船

发行日期：1972.7.10

4-1

4-2

4-3

4-4

（编29-32）

4-1	（29）	“风雷”号远洋货轮	8分	800万枚
4-2	（30）	“大庆30”油轮	8分	800万枚
4-3	（31）	“长征”号远洋客货轮	8分	800万枚
4-4	（32）	“险峰”号挖泥船	8分	800万枚

邮票规格：52 mm × 31 mm

齿孔度数：11.5度

整张枚数：40枚

版　别：影写版

设计者：吴建坤、杨白子

印刷厂：北京邮票厂

全套面值：0.32元

知识百花园

新中国成立后，我国古老的船舶工业获得新生。经过几十年的努力，我国船舶工业从修船到造船，从仿制发展到自行设计建造，从建造小型船舶发展到建造具有先进水平的战斗舰艇、远洋船舶、工程船舶和海上石油平台等。

为反映我国造船工业所取得的成就，交通部、邮政总局发行了这套邮票，展示了我国自行设计制造的4种船舶。

邮票解析

图4-1【“风雷”号远洋货轮】1970年由上海造船厂建造。货轮甲板上有5个货舱口，设有17台起重吊杆，其中最大的一台起重能力达60吨。

图4-2【“大庆30”油轮】1971年由大连红旗造船厂建造。其特点是机舱设在船的尾部，以减少船舶失火的可能性。船上设有纵横舱壁，将船分隔成若干油舱。并安有大油泵，以便迅速地装卸油。

图4-3【“长征”号远洋客货轮】为上海沪东造船厂建造的我国第一艘大型海洋客货轮。时速为18.1海里。

图4-4【“险峰”号挖泥船】1971年由江南造船厂建造。为大型自航耙吸式，船舷两侧设有带着耙头的吸泥管。当船往前开时，利用高压冲水泵的喷射力和紧贴河床的耙头，将土层击碎并耙松。接着，被吸吮的泥土顺着耙口和泥管装入泥舱。这艘挖泥船上设有两台吸泥泵，如同时开动，20分钟即可吸进7000吨泥浆。泥舱容量为4500立方米，满载排水量为11700吨，全部采用国产设备制造。

红 旗 渠

发行日期：1972. 12. 30

4-1

4-2

4-3

4-4

（编49-52）

4-1	（49）愚公移山	8分	770万枚
4-2	（50）青年洞	8分	770万枚
4-3	（51）桃源桥	8分	770万枚
4-4	（52）人间天河	8分	770万枚

邮票规格：27 mm × 40 mm

齿孔度数：11度

整张枚数：56枚

版　别：影雕版

设计者：杨白子、许彦博

雕刻者：孙鸿年、高品璋

印刷厂：北京邮票厂

全套面值：0.32元

知识百花园

红旗渠是河南林县（今林州市）人民兴修的灌溉工程。以前这里一直是“十年九旱，水贵如油”的穷山区，从1960年起，林县人民用简陋的钢钎、铁锤、炸药，像蚂蚁搬山、愚公移山一样苦干10年，终于修成了举世闻名的“渠网纵横，清水畅流”的引水工程。

红旗渠从山西省平顺县侯壁开始，沿漳河南岸，盘山开渠，穿岭跨谷，开凿了长达70千米的总干渠，渠高4.3米，宽8.0米，引漳河水25立方米／秒入林县，再加上干渠、支渠等配套工程，长达1525千米。共劈开山头1250座，凿通隧洞211个，总长为54千米；架设渡槽150座，总长为6500千米；沿渠还修建了中小型水库394座，提灌站250多处，水电站52座。总投资1.25亿元人民币，投工25611万个，挖砌土石方2225万立方米；用这些土石料，垒一条高3米、宽2米的城墙，可以从广州延伸到哈尔滨。1969年7月基本建成，使全县形成了引、蓄、提相结合的水利网，灌溉面积达60万亩，解决了人、畜吃水的困难，提供了农田用电，也锻炼出一支出色的建筑施工队伍，推动了地方工业和旅游业的发展，使林县发展成为“中原第一富县”。

为了广泛宣传河南林县人民改造自然、兴修水利的战天斗地艰苦创业精神，交通部邮政总局发行了这套邮票。由于水渠的自然景观难以用宣传画形式表现出来，设计者巧妙地运用山水画技法进行创作，设计出了这套红旗渠山水风光邮票。这在“文革”期间是难能可贵的。

邮票解析

图4-1【愚公移山】《愚公移山》是中国古代《列子·汤问》中的一则寓言故事，是说愚公不怕苦累，不怕讥笑，以顽强的毅力，去挖挡在门口的两座大山的故事。毛泽东于1945年6月11日在中共七大的闭幕词中引用了这个故事，用以激励全党，要向愚公那样毫不动摇、团结战斗、革命到底，搬掉压在中国人民头上的三座大山，夺取最后的胜利。邮票画面描绘了林县人民正像愚公那样，逢山凿洞、遇水架桥的劳动场面。

图4-2【青年洞】位于漳河南岸的悬崖上，是引漳河水入林县所穿过的第一洞，长616米、高5米、宽6.2米，是林县青年突击队用1年零5个月的时间打通的。邮票画面描绘了该洞的雄姿。

图4-3【桃源桥】为红旗渠跨越桃源沟的著名工程，是一座7孔跨径8米的石拱桥，桥长10米、高24米、宽6米。洪水桥下流，渠水桥上过，桥面行人、驶车，一举三用，设计巧妙，是一座成功的综合利用桥。邮票画面描绘了大桥耸立，人流和水流不断的场面。

图4-4【人间天河】天河又名“银河”“银汉”，即当晴朗无月的夜晚，在天空中看到的那条云状的光带，它实际上是由很多恒星组成的。邮票画面描绘了红旗渠宛如天上的银河，在太行山的悬崖峭壁上盘绕伸展。

中国出口商品交易会

发行日期：1973.10.15

1-1

（编95）

1-1 （95）中国出口商品交易会大楼 8分 400万枚

邮票规格：60 mm × 27 mm
齿孔度数：11度
整张枚数：40枚
版　别：影写版
设计者：杨白子
印刷厂：北京邮票厂
全套面值：0.08元

知识百花园

新中国成立后，随着国民经济的恢复和发展，迫切需要发展国际间的正常贸易往来，介绍中国各种传统出口商品和不断涌现的新产品，邀请各国贸易界人士及侨商进行公平合理的交易，以增进了解、联络感情、促进合作，推动我国外贸事业的进一步发展。由中国对外贸易公司和有关单位联合定期举办交易会，把它作为中国发展国际通商事业的一种形式。由于交易会在广州举办，又称“广交会”。第一届广交会于1957年4月25日至5月25日举行，到会来宾有20多个国家和地区的朋友共1000多人。自此，我国每年春、秋两季都如期在广州举办出口商品交易会。

1973年10月15日，我国举办了第34届出口商品交易会，前来参加交易会的有世界五大洲的贸易界人士及海外华侨、港澳同胞约2000多人。这届交易会展出了数万种出口商品的样品以及反映我国工农业生产和科学技术新成就的部分产品，还通过图片、实物和模型，介绍了我国各条战线新涌现出来的一批先进典型事迹，反映了我国国民经济取得的巨大成就和我国外贸事业蓬勃发展的繁荣景象。为庆祝这届广交会的开幕，邮电部发行了这套邮票。主图为坐落在广州市海珠广场西北部的广交会旧馆。

集邮小知识

最早的航空邮票

中国最早的航空邮票是“中华邮政”于1921年7月1日发行的。此邮票全套共5枚。面值分别为1角5分（黑蓝绿色）、3角（黑红色）、4角5分（黑紫色）、6角（黑蓝色）、9角（黑橄榄绿色）。5枚邮票图案均为一架双翼飞机飞越长城，飞机尾部有当时北洋政府的“五色”国旗。雕刻凹版，齿孔14度，图幅为37 mm×28.5 mm。白纸，无水印。

工业产品

发行日期：1974.12.23

4-1

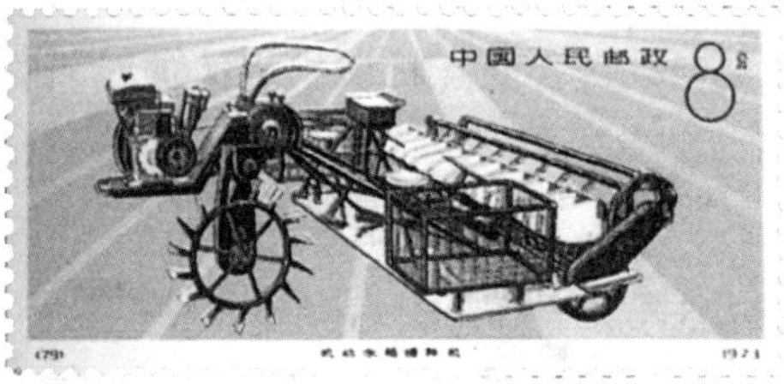

4-2

4-3

4-4

（编78-81）

4-1	（78）双水内冷汽轮发电机组	8分	300万枚
4-2	（79）机动水稻插秧机	8分	300万枚
4-3	（80）万能外圆磨床	8分	300万枚
4-4	（81）露天潜孔凿岩机	8分	300万枚

邮票规格：(78、79、80图) 60 mm × 27 mm，（81图）27 mm × 60 mm
齿孔度数：11 × 11.5度
整张枚数：35枚
版　别：影雕版
设计者：杨白子、程传理
雕刻者：孙鸿年、高品璋
印刷厂：北京邮票厂
全套面值：0.32元

知识百花园

为祝贺新中国成立25年来我国机械制造工业所取得的巨大成就，邮电部发行了这套邮票，展现了我国火力发电设备、农业机械、机械加工和矿山机械方面的最新产品。

邮票解析

图4-1【双水内冷汽轮发电机组】该机组于1958年制成，为世界首创。它是定子绕组和转子绕组都用空心铜线通水冷却的一种新型汽轮发电机。由于水的比热大，而且能直接带走热量，故冷却效果好，与采用一般冷却方式的电机相比，用了相同截面的铜线可以通过更强大的电流，输出功率可成倍增加，因此，在制造同容量大型电机时，可节约大量原材料。为巨型发电机和电力工业的发展开辟了新的道路。邮票画面即以高压线路为背景，展示了我国电力工业的蓬勃发展。

图4-2【机动水稻插秧机】机械化是农业的根本出路，插秧机对于我国大面积的水田耕作更加重要。它的结构主要由机架、秧箱、船底、送秧机构及分秧机构等几部分组成，用于把已育成的水稻秧苗栽插在稻田里。它又可以分为水稻大苗插秧

机、小苗带土插秧机和大、小苗两用插秧机等。除机动插秧机外，还有用人力，即手扶操纵的插秧机，但其效率较低。邮票画面以广阔的稻田为背景，展示了机动水稻插秧机的风姿。

图4-3【万能外圆磨床】磨床是用砂轮作为刀具，对工件表面进行切削或磨削的机床，它可以磨削经过热处理后硬度较高的工件。加工时，砂轮相对于工件做高速旋转的切削运动和低速的进给运动。工件经磨削后，可达到较高的精度和表面粗糙度，故磨床通常为精加工用的机床。它可分为外圆磨床、万能磨床、无心磨床、工具磨床和平面磨床等。另外还有各种专用磨床，如磨削内外螺纹的螺纹磨床、内圆磨床、磨削齿轮齿形的磨齿机、磨削机床床身或工作台等导轨面的导轨磨床等。邮票画面以加工工件为背景，展示了万能外圆磨床的复杂和精密。

图4-4【露天潜孔凿岩机】又叫“穿孔机”，是一种在露天采矿中用以穿凿直径在100毫米以上深孔的钻机。它有旋转式和冲击式两种。普通旋转式钻机多用于穿凿煤层或中硬以下的岩层。而冲击式钻机和牙轮旋转式钻机多用于中硬以上的岩层。邮票画面以矿区为背景，展示了旋转式钻机，即露天潜孔凿岩机的面貌。

集邮小知识

最早的邮戳

中国最早的邮戳是“海关小圆戳”，于1872年开始使用。中国人民邮政的第一枚纪念邮戳是1946年4月，在旅大地区首先使用的。全国解放初期，邮戳的外圆为钉齿形状，1957年1月1日起，邮电部才颁发了现在的邮戳，在全国统一使用。

赤脚医生

发行日期：1974.6.26

4-1

4-2

4-3

4-4

（编82-85）

4-1 （82）预防 8分 1000万枚

4-2 （83）出诊 8分 1000万枚

4-3 （84）采药　　8分　　1000万枚

4-4 （85）治疗　　8分　　1000万枚

邮票规格：（82、85图）40 mm × 30 mm，（83、84图）30 mm × 40 mm

齿孔度数：（82、85图）11 × 11.5度，（83、84图）11.5 × 11度

整张枚数：50枚

版　别：影写版

设计者：李大玮

印刷厂：北京邮票厂

全套面值：0.32元

知识百花园

1965年6月26日，毛泽东发出了“把医疗卫生工作的重点放到农村去”的号召。1968年，《红旗》杂志第3期刊载了上海市川沙县出现的“赤脚医生”的调查报告：《从“赤脚医生”的成长看医学教育革命的方向》。于是，全国各地涌现出大批由贫下中农推荐，经过一定时期培训，具有初级医疗卫生知识和技能的农村卫生人员，通称为“赤脚医生”。

1974年6月26日，为纪念毛泽东“6.26”指示发表9周年，邮电部发行了这套邮票。4幅画面集中表现了赤脚医生为农民治病服务的工作场面。

邮票解析

图4-1【预防】邮票画面描绘了一位戴着军帽的女赤脚医生，正在给一群农村儿童注射疫苗的场面。

图4-2【出诊】邮票画面描绘了一位女赤脚医生月夜出诊的场面。

图4-3【采药】邮票画面描绘了两位女赤脚医生进山采集中草药的场面。

图4-4【治疗】邮票画面描绘了一位女赤脚医生放下镰刀，正在地头为老农针灸的场面。

大庆红旗

发行日期：1974. 9. 30

5-1

5-2

5-3

5-4

5-5

（T4）

5-1 铁人王进喜	8分	1000万枚
5-2 “两论”起家	8分	1000万枚
5-3 艰苦创业	8分	1000万枚
5-4 科学管理	8分	1000万枚
5-5 新型矿区	8分	1000万枚

邮票规格：60 mm×27 mm

齿孔度数：11度

整张枚数：35枚

版　别：影写版

设计者：任宇、潘可明

印刷厂：北京邮票厂

全套面值：0.40元

知识百花园

在黑龙江省境内的松嫩平原中部，有一块世界闻名的土地。它不仅地面上盛产大豆、玉米，而且地下蕴藏着丰富的石油。1959年9月26日，在全国人民欢天喜地准备迎接新中国成立10周年的日子里，又传来了令人振奋和鼓舞的喜讯，在这块土地上的第3号探井喷出了石油，于是人们把它叫作“大庆油田”。从此，在中国近代工业历史上，人们不会忘记这个辉煌的名字。这里于1960年设安达市，1964年改安达特区，1979年改为大庆市。20世纪60年代初期，以铁人王进喜为代表的大庆工人阶级，在极端困难的条件下，自力更生，艰苦奋斗，用3年多的时间，开展了史无前例的石油大会战。他们以“宁肯少活20年，拼命也要拿下大油田”的豪迈誓言，住牛棚、马厩，啃窝头、吃炒面，战胜了一个又一个困难，终于创建了中国第一个具有世界先进水平的大油田，不仅结束了中国使用“洋油”的时代，而且还建起了大规模的石油开采、石油提炼和石油化工等现代化工业，摸索创造出一套中国自己的建设和管理石油工业的经验，成为我国重要的石油化工基地，被树为中国工业战线上的一面红旗。1964年，毛主席发出了“工业学大庆”的号召，在全国工业战线上掀起一场蓬勃的学习热潮。

发行这套《大庆红旗》特种邮票，就是为宣传和肯定大庆的这些好思想、好作风、好传统、好经验，搞好四个现代化建设。

邮票解析

图5-1【铁人王进喜】穿着厚厚的工作服的王进喜，置身于风雪交加的严冬，肩扛刹把，满怀豪情，表现了中国石油工人不畏艰苦，不怕困难，勇往直前，夺取胜利的革命精神。“石油工人一声吼，地球也要抖三抖。”正是这种铁人精神和气魄，才使大庆石油滚滚流。邮票画面以林立的油井钻塔和乌云沉沉的天空为背景，展示了环境的恶劣和油田的兴盛，塑造了铁人王进喜大无畏的英雄形象。

图5-2【“两论”起家】《矛盾论》和《实践论》是毛泽东同志关于辩证唯物主义和历史唯物主义理论的经典著作，是发展了的马列主义的具体论著。1960年4月10日，大庆油田党委做出的第一个决定，就是要求广大职工认真学习这两部著作，用著作中的立场、观念和方法，去认识、分析解决油田会战中所遇到的各种问题和矛盾。所谓“靠两论起家”，即由此而来。邮票画面上，劳动一天后的石油工人，仍围在火堆旁，学“两论”，说心得，谈体会，交流经验。

图5-3【艰苦创业】画面为英雄的大庆石油工人“不怕地冻九尺雪成山”，战风雪，斗严寒，手握刹把，争分夺秒，坚持钻井大会战的劳动场面。

图5-4【科学管理】“三分技术，七分管理”。管理，对于一个企业的成功与发展、前途和命运至关重要。它包括人员、劳动、计划、生产、技术、设备、物资、财务、成本等各方面的内容。大庆油田在自己的生产实践中，摸索总结出适合大庆特点的科学管理办法，最大限度地调动了人的积极因素，使企业健康、有序地发展。邮票画面描绘了大庆干部、工人、技术人员共同研究企业管理的场面。

图5-5【新型矿区】艰苦创业使油田钻塔林立，居民住宅鳞次栉比，为生产生活配套的设施如工厂、学校、商业网点、文化娱乐设施及蔬菜、副食供应基地等齐全。邮票画面上展示的即是大庆油田的新面貌，体现了“工农结合、城乡结合、有利生产、方便生活”的大庆油田建设方针。

大寨红旗

发行日期：1974. 9. 30

5-1

5-2

5-3

5-4

5-5

（T5）

5-1 革命豪情	8分	800万枚
5-2 艰苦奋斗	8分	800万枚
5-3 科学种田	8分	800万枚
5-4 大丰收	8分	800万枚
5-5 大寨红旗飘万代	8分	800万枚

邮票规格：60 mm × 27 mm

齿孔度数：11度

整张枚数：35枚

版　别：影写版

设计者：李印清

印刷厂：北京邮票厂

全套面值；0.40元

知识百花园

1964年，在党的八届十一中全会上，毛主席提出了“农业学大寨”的决策，得到一致通过。在决策提出10周年之际，邮电部发行了这套《大寨红旗》特种邮票。

邮票解析

图5-1【革命豪情】画面描绘了大寨大队党支部书记陈永贵同志和社员站在虎头山上，肩扛镢头，手捧毛主席著作《愚公移山》，身后红旗招展，层层梯田。他们正在充满信心地规划远景，展望未来。

图5-2【艰苦奋斗】画面描绘了大寨男女社员，在冰天雪地里，进行农田基本建设的劳动场面。与大自然搏斗，改造山河。

图5-3【科学种田】画面描绘了大寨男女社员手举试管测试土地的酸碱度、盐分、水分及氮、磷、钾等化学元素的含量，进行科学种田的场面。

图5-4【大丰收】画面描绘了大寨人丰收不忘国家，正用汽车向国家交售丰收粮的情景。

图5-5【大寨红旗飘万代】画面描绘了当时以陈永贵、郭凤莲为代表的大寨人，在红旗的辉映下，以坚定的脚步，乘胜前进，表现了生命不息、奋斗不止的意志。

中国出口商品交易会

发行日期：1974.10.15

1-1

（T6）

1-1 中国出口商品交易会（新馆） 8分 400万枚

邮票规格：60 mm×27 mm

齿孔度数：11度

整张枚数：35枚

版　别：影写版

设计者：杨白子

印刷厂：北京邮票厂

全套面值：0.08元

知识百花园

这是继1973年10月15日我国发行了编号95《中国出口商品交易会》邮票之后，第二次发行的同题材同题目邮票。新中国成立以后，我国经济建设飞快发展，对外关系不断扩大。为适应这一形势，我国自1957年开始，在广州于每年的春、秋两季分别举办中国出口商品交易会。第一届交易会有20多个国家和地区的1000多位外宾参加，到了20世纪70年代初已增至近100个国家和地区的2000多人。1974年春天，在广州原有的工业展览馆旧建筑的四周，分别另建新楼，组合成为新的建筑群。

新馆占地面积8.4万平方米，总建筑面积11万平方米，内设3个综合馆，12个外贸专业性展览馆。

1974年10月15日，我国举办的第36届出口商品交易会在广州刚刚落成的新馆开幕。这次交易会共设有马克思、恩格斯、列宁、斯大林和毛主席著作馆，工业学大庆馆和农业学大寨馆，以及粮油食品馆、纺织品馆、轻工业品馆、土产畜产馆、化工馆、五金矿产馆、机械馆、工艺品馆和新增设的书刊邮票馆等。

馆内陈列着中国出口商品的样品，展示了新产品及科学技术新成就。并通过实物、图片和模型，介绍了当时中国各条战线上的先进事迹。

整个展览馆体现出我国坚持独立自主、自力更生的原则，在国民经济各个领域所取得的成就及对外贸易交往的兴旺。

邮票画面即是位于广州市流花湖东侧的中国出口商品交易会新馆大楼外景。广场上，五星红旗高高飘扬，五大洲朋友欢腾云集，烘托出本届交易会的盛况。

医疗卫生科学新成就

发行日期：1976.4.9

4-1

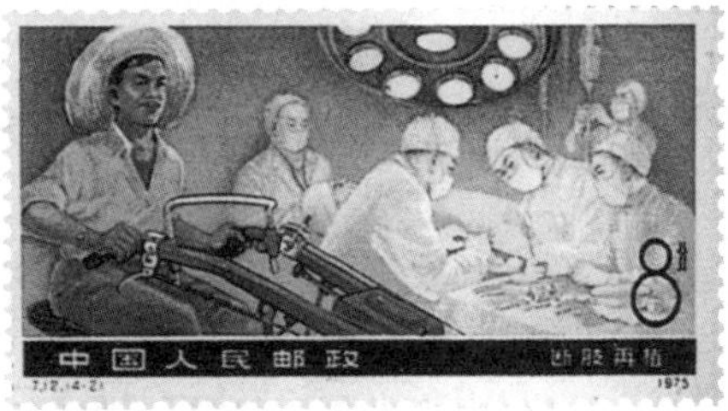

4-2

4-3

4-4

（T12）

4-1	针刺麻醉	8分	390万枚
4-2	断肢再植	8分	390万枚
4-3	中西医结合小夹板治疗骨折	8分	390万枚
4-4	中西医结合针拨术治疗白内障	8分	390万枚

邮票规格：58 mm × 31 mm

齿孔度数：11.5度

整张枚数：30枚

版　别：影写版

设计者：孙传哲

印刷厂：北京邮票厂

全套面值：0.32元

知识百花园

这套《医疗卫生科学新成就》特种邮票，选取4个典型项目，向世人宣传和展示我国20世纪六七十年代在医疗卫生方面所取得的新成果。

邮票解析

图4-1【针刺麻醉】针灸疗法是我国古代劳动人民创造的一种独特医疗方法。它用针刺入病人身体的一定部位，或用火的温热刺激烧灼局部，以达到治病之目的。前者为针，后者为灸，统称针灸疗法。针灸源于原始社会中产生的砭石、火灼等治疗方法。《黄帝内经·灵枢》载有经络、穴位、针灸方法。晋代皇甫谧撰著的《黄帝三部针灸甲乙经》，是现存内容颇为完整的针灸学专著。足见这一方法，早已在我国临床应用了。1971年7月18日新华社报道，我国医务及科学工作者成功地创造出针刺麻醉法。它针刺穴位使病人能在清醒状态下接受手术。其特点是无需麻醉药；生理功能扰乱少；能调动体内因素发挥镇痛和调节作用；病人神志清楚可主动配合手术；术后恢复快，并发症少。针刺麻醉简便、安全、经济、有效，尤其适用于不宜施行药麻的病人。在山区、农村及战时环境更有重要意义。目前，国内已应用于普外、胸、骨、五官、泌尿、妇产等科手术。针刺麻醉的产生和发展，推动人们进一步去探索经络学等中医基础理论的实质，并对现代生理学、生物化学、解剖学等提出了新的课题。邮票画面为医护人员利用针刺麻醉方法，为病人进行手术的场面。病人的平静、安详，说明麻醉效果良好。

图4-2【断肢再植】断肢断指再植手术比较复杂，其主要包括骨折端或离断关节的整复和内固定，主要血管的吻合，肌肉与肌腱的修复，神经的修复，皮肤的修复等。再植的肢体不仅要能存活，而且还要使其恢复一定的功能。1963年8月5日新华社报道，青年工人王存柏的右手从腕部被完全轧断，由上海市第六人民医院进行“断手再植”获得成功，这是国内第一例圆满的手术。此后，这项手术在全国广泛推广，接活了各种创面的断肢、断指。1969年12月20日，沈阳部队二三零医院外科为工人李树芬三截断臂再植成功。1972年10月14日，北京同仁医院和积水潭医院为时年29岁的农村妇女崔文芝进行同体断肢移植手术，获得成功。1978年10月，上海市第六人民医院骨科副主任于仲嘉主持，为一位因外伤而失去双手的病人，使用人造掌骨作支架，将病人两脚的第二足趾游离出来，应用显微外科，成功地为患者再造了一只右手，首创了用游离足趾再造手的手术。肢体离断的时间越短，断端越整齐，再植的成功率越高。邮票画面背景为医护人员正在紧张进行断臂再植手术的场面。而接受手术的患者康复后，正驾驶着手扶拖拉机，愉快地返回工作岗位。

图4-3【中西医结合小夹板治疗骨折】人们在生产劳动或日常生活中，难免发生某些意外伤害事故，造成骨骼断裂。皮肉不破，只是骨质伤折，称闭合性骨折，为较轻者；皮破肉烂，有伤口通至骨折处，称开放性骨折，因有感染可能，故较为严重。以前多用石膏固定骨折部位，现在采取中药内敷伤处，外用小夹板固定，这样有效地防止了肌肉萎缩、关节僵硬、骨质疏松等并发症的发生，减轻了病人痛苦，提高了疗效，缩短了愈合周期，为治疗骨折开辟了新路。邮票画面背景远景处为医生正为伤者用小夹板固定，近景为固定后伤者在医生指导下，信心十足地做恢复动作，表现了此法的行之有效。

图4-4【中西医结合针拨术治疗白内障】白内障为老年多发性的一种眼病，中医称为“圆翳内障”或“如银内障”。主要症状为眼内晶状体浑浊不清，形成白色或灰白色薄翳遮住瞳孔，引起视力障碍，如不及时有效治疗，便有失明之虞。我国古代便有“金针拨障术”，疗效较好。现在采取中西医结合之法，提高了这一技术，使手术更为简单方便，效果更佳。邮票画面远处为手术进行中，而近处这位术后恢复视力的老人，竟能穿针引线，可见此法疗效之高。

农业机械化

发行日期：1975.12.15

5-1

5-2

5-3

5-4

5-5

（T13）

5-1 水田旋耕	8分	700万枚
5-2 机械插秧	8分	700万枚
5-3 动力排灌	8分	700万枚
5-4 棉田防治	8分	700万枚

5-5 机械收割　　　8分　　700万枚

邮票规格：40 mm × 30 mm

齿孔度数：11 × 11.5度

整张枚数：50枚

版　别：影写版

设计者：潘可明

印刷厂：北京邮票厂

全套面值：0.40元

知识百花园

毛主席说："农业的根本出路在于机械化。"在我国，实现农业机械化，包括农、林、牧、副、渔五业全部生产过程的机械化，要求耕种、排灌、运输、加工等项作业都能使用机械操作，这是一项非常艰巨的任务。首先是随着农业机械化的进程，多余的农村劳动力何处去的问题。这个问题在世界的许多发展中国家，已成为加速农业机械化的障碍。其次，机械是一笔昂贵的投资，实现机械化，必须考虑他们的经济承受能力，应该从机械的设计便开始注意小型、高效、廉价、实用。再次，机械化必须要有一个有效的管理系统来支持，因此，这种设备维修组织和燃料、油及零部件的供应，农民驾驶及操作技术的培训，及其他后勤保障，都是十分重要的。

邮电部发行这套《农业机械化》特种邮票，意在反映我国农业机械化的状况。

邮票解析

图5-1【水田旋耕】水稻为高产作物。过去多以水牛、黄牛等畜力翻耕，效率低下。现使用由动力驱动的旋耕机，大大提高了耕作水准。旋耕机，又叫"旋转犁"，开动时，旋转的刀片把切下的土片，不断地向后抛掷，正好撞击在挡泥罩及平土拖板上，使土块充分破碎。这样，一次就可完成耕耙作业。邮票画面为一位年青女社员正操纵着旋耕机在水田中翻耕的景象。

图5-2【机械插秧】水稻插秧是农活中最为繁重劳累的一种。在插秧季节，为不误农时，农民起早贪黑，赤足裸腿，站在水田的泥浆中，弯着腰，把秧苗一棵一棵插下去。一天下来，腰酸腿疼，颇为辛苦，且效率很低。实行机械插秧，效率高，质量好，解除了从事水田耕作的农民繁重劳动。邮票画面为农民正熟练地操作着插秧机插秧的情景。

图5-3【动力排灌】农作物离不开水灌溉，动力排灌就是引水浇田，及时满足作物对水分的需要，并对土壤温度及养分起调节作用。根据不同目的，可分为补给水分灌溉、施肥灌溉、调温灌溉以及为改良盐碱地而进行的冲洗灌溉；根据湿润土壤的方式，可分为地面灌溉、地下灌溉和喷灌；根据灌溉水源水位与田面的高低关系，可分为自流灌溉及提水灌溉。过去都是利用水流、人力或畜力驱动的水车等提水工具，将水上提经渠道灌入农田。现在利用抽水机，又称“水泵”，借动力设备通过传动装置将水从低处提升至高处的水力机械抽水量大，速度快，灌溉效率大大提高。邮票画面为一位农民技术员正开动抽水机引水灌溉的情景。

图5-4【棉田防治】棉花为我国广为栽培的一种重要作物，在生长过程中，要受到诸如棉铃虫、棉红铃虫、棉蚜虫、棉红叶螨、棉蓟马等多种害虫的伤害。为杀死害虫，保护棉株，已研制出多种农药，如滴滴涕、杀螟硫磷、乐果、茂果、西维因、棉油皂等。对于施药方法，有手撒作用的喷粉器（喷粉机）、喷雾器（喷雾机）等。机械喷药不仅速度加快，而且施药均匀，防治效果好。邮票画面上，为几位女社员背着喷雾器正在棉田喷洒农药的情景。

图5-5【机械收割】邮票画面为自走式谷物联合收割机正在金黄色的田野上，紧张收获的场面。

带电作业

发行日期：1976. 9. 15

4-1

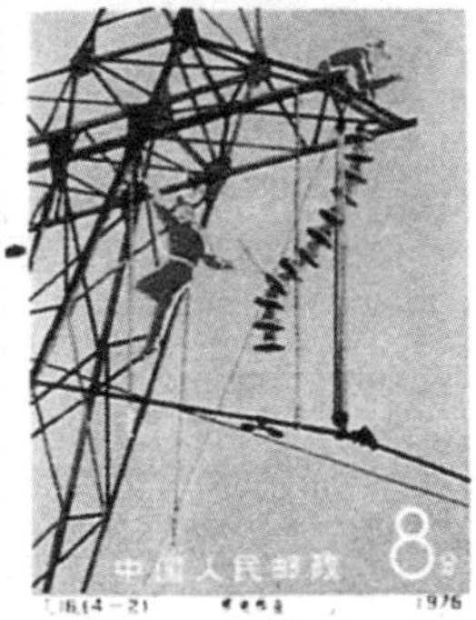

4-2

4-3

4-4

（T16）

4-1 移动检换防震锤　　8分　　700万枚
4-2 更换直线绝缘子　　8分　　700万枚
4-3 机械检修导地线　　8分　　700万枚
4-4 检修变电油开关　　8分　　700万枚

邮票规格：31 mm×38.5 mm
齿孔度数：11.5度
整张枚数：50枚
版　别：影写版
设计者：吴建坤
印刷厂：北京邮票厂
全套面值：0.32元

知识百花园

电，对现代人类社会的意义，几乎可与阳光、空气和水一样等同。1970年7月，辽宁省鞍山电业局技术人员和工人成功创造出超高压线路带电作业的新技术，即在不停止供电的高压输电线路或电气设备上进行维修工作，保证了对工农业生产和人民生活的不间断供电。其作业方法有两种：一是使用尼龙、塑料、环氧酚醛等材料制成的绝缘工具，对线路、设备进行带电维修，如调换绝缘子、架空导线、杆塔部件等，叫间接操作；二是电工身穿金属的屏蔽衣服，进入高压电场直接接触带电的线路、设备进行维修工作，如修理断股的架空导线、拆搭引线、调整导线弧垂、调换绝缘子等，叫直接操作，也称“等电势”操作。从此，这一新技术在全国得到了推广和应用。

这套《带电作业》特种邮票，借以宣传我国电力工业部所取得的带电作业新技术。

邮票解析

图4-1【移动检换防震锤】高压电线穿林海、越群山、过草地、跨平原，经受

着春夏秋冬、酷暑严寒、急风暴雨、冰雹霜雪的考验。为防止其因震颤摇摆而断裂，需要在高压输电线路上安装防震锤，起到减震作用。邮票画面为一位青年女电工脚踏绳梯，扶摇而上，在带电的高压线路上，从容地检换着防震锤。

图4-2【更换直线绝缘子】绝缘子是用来支承或悬挂导线或电气设备带电部分的瓷瓶，有的是用玻璃等绝缘材料制作，有针式、棒式、悬式。邮票画面上，两位电工正在高压输电线路塔架上更换绝缘瓷瓶，虽有高压电流通过，他们却在平安操作，若无其事，显示了带电作业新技术的高超水平。

图4-3【机械检修导地线】电力系统的接地装置的作用是防止雷击，保证人身安全及电力系统的正常运转，并能保证测试的准确，防止仪器、仪表受外界电场的干扰等。邮票画面描绘了电业工人乘坐高空作业车，带电检修导地线的场面。

图4-4【检修变电油开关】油开关就是用绝缘油来熄灭电弧的断路器。主要由触头、灭弧装置和传动机构等构成。邮票画面为一位电业工人，置身于高压电网路中，正在认真检修油开关的情景。

集邮小知识

新中国最早的航空邮票

新中国最早的航空邮票是中国人民邮政于1951年5月1日发行的。图案为天坛和飞机。全套5枚，面值分别为旧人民币1 000圆、3 000圆、5 000圆、10 000圆、30 000圆。由孙传哲设计，雕刻版印制。

在广阔天地里

发行日期：1976.12.22

6-1

6-2

6-3

6-4

6-5

6-6

（T17）

6-1 接过南泥湾的老镢头	4分	1000万枚
6-2 读书学习	8分	1000万枚

6-3	改天换地的新一代	8分	1000万枚
6-4	把知识献给农业	8分	1000万枚
6-5	草原新牧民	10分	1000万枚
6-6	屯垦戍边，保卫祖国	20分	500万枚

邮票规格：（1、3、5图）31 mm×38.5 mm，（2、4、6图）38.5 mm×31 mm

齿孔度数：11.5度

整张枚数：50枚

版　别：影写版

设计者：叶武林

印刷厂：北京邮票厂

全套面值：0.58元

知识百花园

这套《在广阔天地里》特种邮票，是在毛泽东发出“知识青年到农村去”的号召八周年的日子里发行的。

邮票解析

图6-1【接过南泥湾的老镢头】1941年至1944年，在陕甘宁边区经济极端困难的情况下，八路军120师359旅全体官兵在旅长王震的带领下，在陕西省延安市南郊的南泥湾垦荒种田，开展轰轰烈烈的大生产运动，终于把不毛之地的南泥湾，建设成为陕北的好江南，被誉为边区“发展经济的前锋”。毛泽东主席曾为此题词：“自己动手，丰衣足食”当年垦荒用的工具就是这老镢头。邮票画面为延安南泥湾老农亲手把镢头传给知识青年的场面，意在继承革命传统，自力更生，艰苦奋斗，建设社会主义新农村。

图6-2【读书学习】“文革”期间，毛泽东发出了“要认真看书学习”的号召。环境再苦，条件再差，活儿再累，千百万上山下乡知识青年也忘不了看书学习。邮票画面为在云南插队的知识青年给傣族老大妈读报的情景。

图6-3【改天换地的新一代】参加体力劳动，改造农村贫穷落后面貌，是知识青年在农村、边疆的一项重要任务。邮票画面为青年突击队女知识青年腰扎安全带，头戴安全帽，在火红战旗的辉映下，勇敢地攀登山崖的情景。

图6-4【把知识献给农业】农民需要文化、农村需要知识、农业需要科学。邮票画面为一位男知识青年观察、记录水稻生长状况的情景，表现了有知识、有文化的知识青年在科学种田中的重要作用。

图6-5【草原新牧民】上山下乡，到边疆去，到艰苦的地方去，到祖国最需要的地方去，成为当时知识青年引以为自豪的目标和口号。邮票画面描绘了一位插队大草原的女知识青年正在给小羊羔喂奶的场面。

图6-6【屯垦戍边，保卫祖国】在新疆、黑龙江等边境地区，由知识青年组成生产建设兵团，一边参加生产劳动，一边进行军事训练。这种在边境一带驻兵垦荒的模式，我国古亦有之。邮票画面描绘了身背枪、镐的知识青年形象，表现了他们建设边疆、保卫边疆的自信和豪迈。

工农兵上大学

发行日期：1976.9.6

5-1

5-2

5-3

5-4

5-5

（T18）

5-1 满怀豪情上大学	8分	800万枚
5-2 革命理论指航向	8分	800万枚
5-3 大课堂	8分	800万枚
5-4 攀登科学高峰	8分	800万枚
5-5 当有社会主义觉悟的有文化的劳动者	8分	800万枚

邮票规格：52 mm × 31 mm

齿孔度数：11.5度

整张枚数：40枚

版　别：影写版

设计者：邹建军

印刷厂：北京邮票厂

全套面值：0.40元

知识百花园

1968年7月21日，毛泽东在《人民日报》关于《从上海机床厂看培养工程技术人员的道路》的“编者按”清样中加写了一段话，即：“大学还是要办的，我这里主要说的是理工科大学还要办，但学制要缩短，教育要革命，要无产阶级政治挂帅，走上海机床厂从工人中培养技术人员的道路。要从有实践经验的工人农民中间选拔学生，到学校学几年以后，又回到生产实践中去。”1970年6月27日，中共中央批准《北京大学、清华大学关于招生（试点）的请示报告》，高等学校开始招生复课。根据毛泽东的指示精神，“文革”期间，中国高等学校招收新生废除考试制度，实行群众推荐、领导批准和学校复审相结合的办法，招收有“实践经验”的工农兵学员。在教学中，确定“工农兵学员”的任务是所谓“上大学、管大学、用毛泽东思想改造大学”。直到1977年“文革”结束后，中国高等学校招生才又恢复了考试制度，使教育工作重新走上了正轨。

邮票解析

图5-1【满怀豪情上大学】邮票画面为学校教职员工敲锣打鼓，迎接工农兵学员入校的场面。横幅上写着“教育要革命”“热烈欢迎工农兵学员上大学”。

图5-2【革命理论指航向】1968年8月25日，新华社转发《红旗》杂志第二期刊登的姚文元的文章《工人阶级必须领导一切》。文章中公布了毛泽东的指示：“实现无产阶级教育革命，必须有工人阶级领导，必须有工人群众参加，配合解放军战士同学校的学生、教员、工人中决心把无产阶级教育革命进行到底的积极分子实行革命的三结合。工人宣传队要在学校中长期留下去，参加学校全部斗、批、改任务，并且永远领导学校。在农村，则应由工人阶级最可靠的同盟军——贫下中农管理学校”。同一天，中共中央、国务院、中央军委、“中央文革”发出《关于派工人宣传队进驻学校的通知》。从此，全国各城市大、中、小学校以及上层建筑各个领域普遍派进了工宣队。邮票画面以毛泽东“工人阶级必须领导一切”语录为背景，描绘了工人宣传队员组织学校师生员工学习《毛主席论教育革命》的场面。

图5-3【大课堂】邮票画面为工农兵学员到建筑工地上向工人学习实践知识的场面。

图5-4【攀登科学高峰】邮票画面为工农兵学员利用电子计算机进行科学研究和数据计算的情景。

图5-5【当有社会主义觉悟的有文化的劳动者】1974年12月2日，《人民日报》发表了《农大毕业当农民好——辽宁朝阳农学院实行“社来社去”的调查》，并加了“编者按”说：“这是无产阶级‘文化大革命’和‘批林批孔’运动中，教育战线出现的又一个社会主义的新生事物。”在这种历史背景下，工农兵学员毕业后，纷纷返回生产工作岗位上去，以实现当一个有社会主义觉悟、有文化的劳动者的愿望。邮票画面以农村父老乡亲为背景，热烈欢迎农家子弟大学毕业后回乡当农民的场面。

工农业生产建设图案普通邮票

发行日期：1977. 3. 15

14-1

14-2

14-3

14-4

14-5

14-6

14-7

14-8

14-9

14-10

14-11

14-12

（普18）

14-13　　14-14

（普18）

14-1 煤炭　1分
14-2 牧业　$1^1/_2$分
14-3 港口　2分
14-4 林业　3分
14-5 水电　4分
14-6 渔业　5分
14-7 农业　8分
14-8 邮电　10分
14-9 钢铁　20分
14-10 公路　30分
14-11 纺织　40分
14-12 农机　50分
14-13 石油　60分
14-14 铁路　70分

邮票规格：22 mm × 27 mm
齿孔度数：11.5度
整张枚数：100枚
版　别：影写版
设计者：卢天骄
印刷厂：北京邮票厂
全套面值：$3.04^1/_2$元

邮票解析

图14-1【煤炭】1分，主图为煤炭生产场地景象。

图14-2【牧业】$1\frac{1}{2}$分，主图为草原牧羊的图景。

图14-3【港口】2分，主图为海港码头装卸货物的场面。

图14-4【林业】3分，主图为莽莽林海的繁茂景象。

图14-5【水电】4分，主图为水力发电站的图景。

图14-6【渔业】5分，主图为拖网渔船捕鱼的场面。

图14-7【农业】8分，主图为金色麦浪一片丰收的景象。

图14-8【邮电】10分，主图为邮电通信设施。

图14-9【钢铁】20分，主图为炼钢厂浇铸钢锭时的生产场面。

图14-10【公路】30分，主图为雪山公路上的汽车队。

图14-11【纺织】40分，主图为两位女工检验花布质量的场面。

图14-12【农机】50分，主图为拖拉机厂的成品入库场面。

图14-13【石油】60分，主图为海上钻探石油的设施。

图14-14【铁路】70分，主图为一列火车在峡谷间奔驰过桥的情景。

公路

发展中的石油工业

发行日期：1978. 1. 31

6-1

6-2

6-3

6-4

6-5

6-6

（T19）

6-1 钻机整体搬家	8分	1050万枚
6-2 采油	8分	1050万枚
6-3 油田建设	8分	1050万枚
6-4 炼油	8分	1050万枚
6-5 输油	8分	1050万枚
6-6 海上钻探	20分	1050万枚

邮票规格：60 mm × 27 mm

齿孔度数：11度

整张枚数：35枚

版　别：影写版

设计者：袁运甫

印刷厂：北京邮票厂

全套面值：0.60元

知识百花园

新中国成立后，党和国家极为重视石油的利用，进行了大量的地质勘探工作，如今已在全国一半以上的省、自治区、直辖市找到了石油。我国石油分布广泛，蕴藏量大，已成为世界上主要产油国之一。东北的大庆油田是我国最大的油田，还有吉林油田和辽河油田，都是20世纪70年代初期开发的，这些油田对于保证东北地区的能源供应，发挥了重要作用。在华北，油田主要分布在太行山以东的平原地区。位于冀中平原中部的任丘油田，油层储存于震旦纪的石灰岩中，是一个古潜山油田。它的发现，证明在古老地层中也有油，这在我国石油地质科学上是一个重要的突破。此外，在渤海之滨，还有著名的山东胜利油田和天津大港油田，在河南也建起了新的油田。我国西南地区的四川省，素称“油气之乡”。四川邛崃、自流井一带凿井开采利用天然气，已有2000多年的历史。经过全面勘察，天然气产量不断增加，并且还找到了一些石油。西北是我国石油的故乡，1907年在陕西延长一带打出了一口深度为75.3米的油井，从而揭开了陕北油田开发的序幕，1935年后这个油田产量不断提高，支援了根据地的建设。玉门油田于抗日战争初期开发，从1939年至1949年的10年中，产油总量将近50万吨，约占1904年至1948年天然石油总产量的25%。在新疆克拉玛依油田，现已建设成为西北的最大石油基地。此外，在青海柴达木盆地发现了冷湖油田。如今，在准噶尔盆地、塔里木盆地又相继有新油田的诞生。

这套《发展中的石油工业》特种邮票，反映了我国石油工业蓬勃发展的新面貌。

邮票解析

图6-1【钻机整体搬家】石油钻机在完成一地的钻井任务后，需要迁往新的地点，按照布井系统，进行新井的钻凿。钻机不用拆卸，整体搬动，可免除零部件损失，节省拆装时间，加快油田开发速度。邮票画面即是八台履带式拖拉机，牵引着高大的钻塔及其他配套设备，正在缓缓驶向预定地点，显示了这项油田建设新技术的气魄。

图6-2【采油】邮票画面为运用自喷法采油的场面。自喷采油法是石油依靠油层本身的压力，自动喷流到地面的采油方法。为了保持油井正常喷油和充分利用油层压力，使尽可能多的石油以自喷的方式开采出来，需利用井口装置加以合理控制。这种采油方法比较有效和经济。

图6-3【油田建设】铺设输油管线是油田建设的重要内容。通过地下输油管把石油原油和石油产品从油田或炼油厂输送到工厂、转运站、海港或河港，以节省运输设备和费用。邮票画面为两台履带式起重机举起吊臂，准备把输油钢管放入土槽内的情景。

图6-4【炼油】又叫“石油炼制”。原油经脱盐、脱水、蒸馏、重整、裂化、焦化、脱蜡、精制、加氢、调和等加工过程，得到汽油、煤油、柴油、燃料油、各种润滑油、润滑脂、蜡、沥青、石油焦等产品，同时还提供了大量化工原料，如石油气、苯类产品、正构烷烃等。邮票画面为山东胜利石油化工总厂外景。

图6-5【输油】我国第一条最长的地下输油管道为大庆至北京全长10507千米的大口径输油管线。其中，大庆至秦皇岛段于1974年12月27日建成。邮票画面为石油自地下管道输送到油港后，正往油轮上输油的繁忙景象。

图6-6【海上钻探】包括在大陆架近海、海湾及内湖等水下进行的石油开采。采油设施根据开采条件（海洋环境）不同，分水上及水下两个系统。邮票画面是一座海上石油钻井平台，远处为一艘在浅海钻探石油的钻井船，描绘了海上石油钻探的场面。

开发矿业

发行日期：1978. 12. 29

4-1

4-2

4-3

4-4

（T20）

4-1	群众报矿	4分	1000万枚
4-2	掘进尖兵	8分	1000万枚
4-3	露天采矿	10分	1000万枚
4-4	井下运输	20分	1000万枚

邮票规格：40 mm × 30 mm

齿孔度数：11 × 11.5度

整张枚数：50枚

版　别：影雕版

设计者：邵柏林

雕刻者：高品璋、孙鸿年、李庆发、姜伟杰

印刷厂：北京邮票厂

全套面值：0.42元

知识百花园

新中国成立以后，国家组织力量进行了广泛的地质勘探和群众性找矿工作，并进行大规模的矿山建设，建立了诸如煤炭、石油等工业基地，而且普查了全国的矿产资源。

为宣传我国采矿业，邮电部发行了这套《开发矿业》特种邮票。

邮票解析

图4-1【群众报矿】邮票画面为在芒芒群山中，一位藏族同胞正在向地质人员报告发现矿苗的情景。

图4-2【掘进尖兵】邮票画面为在井下3位矿工正利用风钻，奋力开凿地下巷道的场面。

图4-3【露天采矿】这种采矿方法适用于储量丰富、埋藏较浅的厚矿体。开采时，先将覆盖在矿体上的土石层剥掉，然后使用高效率的大型机械直接进行露天开采，可提高效率，降低成本。邮票画面为露天矿区，一架单斗挖掘机正将满斗矿石，直接装上火车的情景。

图4-4【井下运输】矿山运输是采矿的重要环节，它包括运送矿石、废石、器材设备和人员的全部运输工作。一般分地下运输、提升、地面运输三个部分。井下运输常用的主要设备有链板输送机、带式输送机、电力机车、绞车等。邮票画面描绘了运用架线式电力机车正在井下往来运输的场面。

普及大寨县

发行日期：1977.4.9

4-1

4-2

4-3

4-4

（T22）

4-1	革命化的县委	8分	800万枚
4-2	欣欣向荣	8分	800万枚
4-3	战“四害”庆丰收	8分	800万枚
4-4	大干社会主义	8分	800万枚

邮票规格：40 mm × 30 mm

齿孔度数：11 × 11.5度

整张枚数：50枚

版　别：影写版

设计者：万维生

印刷厂：北京邮票厂

全套面值：0.32元

知识百花园

1975年9月15日至10月19日，第一次全国农业学大寨会议在山西省昔阳县召开。会议提出，普及大寨县“就是要把全国每个县都建成坚持毛主席的无产阶级革命路线、坚持社会主义道路的战斗堡垒；就是要使全国每个县都能贯彻执行党的方针、政策，大搞农田基本建设，基本上实现农业机械化，促进人民公社制度进一步发展”。1976年12月10日至12月27日，第二次全国农业学大寨会议在北京举行。会议揭发批判了“四人帮”妄图砍倒大寨红旗的罪行，进一步推动农业学大寨、普及大寨县运动的发展。

为了宣传和普及大寨县运动，发行了这套《普及大寨县》特种邮票。

邮票解析

图4-1【革命化的县委】画面以层层梯田为背景，描绘了县委领导班子走出办公室，深入基层，和农民在一起，参加集体生产劳动的情景。

图4-2【欣欣向荣】邮票画面为农田里农业机械忙成一片，表示学大寨后的繁荣。

图4-3【战“四害”庆丰收】邮票画面上为粮满囤、谷满仓，农民不忘“大批修正主义、大批资本主义”的情景。

图4-4【大干社会主义】邮票画面描绘了干部群众正利用冬闲季节，大搞农田基本建设，干劲十足，大干社会主义的情景。

军民一家人

发行日期：1978.2.5

2-1　　2-2

（T23）

2-1 团结战斗　　8分　　1050万枚

2-2 共夺丰收　　8分　　1050万枚

邮票规格：60 mm × 27 mm

齿孔度数：11度

整张枚数：35枚

版　别：影写版

设计者：邵柏林

印刷厂：北京邮票厂

全套面值：0.16元

知识百花园

中国人民解放军来自人民、服务于人民、保卫着人民，是人民的子弟兵。无论是在过去战争年代里，还是现在的和平建设时期，中国人民解放军始终是捍卫国家独立、保卫人民幸福的钢铁长城，受到人民群众的拥护、爱戴、支持和尊敬。军民一家，密不可分；军爱民，民拥军，军民团结如一人。

这套《军民一家人》特种邮票，分别以广东省画院陈衍宁、林墉所创作的两幅年画为题材，表现了人民军队植根于人民之中的坚不可摧，军民亲如一家的密切关系。

邮票解析

图2-1【团结战斗】邮票图案原画为陈衍宁创作，描绘解放军战士指导民兵进行水上射击训练的情景。

图2-2【共夺丰收】邮票图案原画为林墉创作，描绘解放军战士在春耕大忙季节，帮助农民引水插秧的劳动场面。

集邮小知识

最早的集邮组织

中国最早的集邮组织是于1922年成立的神州邮票研究会。这个研究会的会长是张棣村，副会长兼中文书记是叶颂蕃，英文书记是张承惠，审核员是李辉堂，交换部主任是陈复祥，有会员20多人，多为当时集邮界的知名人士。

气　象

发行日期：1978. 4. 25

5-1

5-2

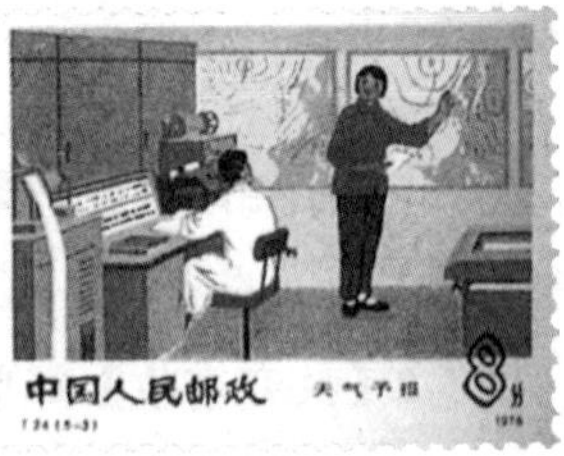

5-3

5-4

5-5

（T24）

5-1	气球探空	8分	1500万枚
5-2	气象雷达	8分	1500万枚
5-3	天气预报	8分	1500万枚
5-4	气象哨组	8分	1500万枚
5-5	人工消雹	8分	1500万枚

邮票规格：40 mm × 30 mm

齿孔度数：11 × 11.5度

整张枚数：50枚

版　别：影写版

设计者：潘可明

印刷厂：北京邮票厂

全套面值：0.40元

知识百花园

气象与人类社会的关系极为密切。自古以来，人们就非常重视对气象变化的观测，努力探索和掌握其规律，以便为人类正常生活和社会发展服务。同时，因为宇宙间的大气环流是全球性的，只有国际间的通力合作，才能全面预测大气行为，从而使人类免遭自然灾害。1873年，国际气象组织在维也纳成立，1950年3月23日，更名为世界气象组织。作为联合国的专门机构之一，其总部设在日内瓦。同日，《世界气象组织公约》正式生效。世界气象组织的标记与联合国徽志相似，不同之处在于图形上方加一个北极星，并有OMM · WMO（“世界气象组织”的法文和英文缩写）的字样。10年以后，该组织决定把每年的3月23日定为世界气象日，并要求各成员国在这一天宣传气象知识。1972年我国恢复在联合国的合法席位之后，立即加入了世界气象组织。随着社会的进步，人类对气象科学的要求也越来越高，气象事业已与现代科技相结合，成为人类了解自然、改造自然的重要手段。

邮票解析

图5-1【气球探空】施放探空气球是气象台站侦察小区域气象趋势的手段。主要有观察高空风速的测风气球，它通常重量有30克左右，颜色有红、白、黄、黑等，在不同天气时选择使用。当灌入适量的氢气或氦气后，定速自由上升，用测风经纬仪追踪球体，并定时测定其具体位置，从而计算出各高度的风向、风速。其次有观测云高的云幕气球，它常用于低云天气，一般重量为10克左右，当灌入适量的氢气或氦气后，定速自由上升，依据开始施放到入云所需时间，就可计算出云的高

度。还有携带无线电探空仪的探空气球。邮票画面为青藏高原气象观测站，两位工作人员正在施放气球准备探空的情景。

图5-2【气象雷达】气象雷达是探测一定范围内大气中风暴、云、雨、风和晴空湍流等气象要素的雷达。种类很多，如利用无线电波在云雨中散射的原理，为研究降水的需要而设计的称“测雨雷达”；在地面追踪大气中飘移的反射体，以接收其所反射的无线电波或接收空中探空仪上回答器发出的无线电波，用以测量风的称“测风雷达”；按无线电波的多普勒效应，为研究大气中特别是云雨中粒子运动等的特性的称“多普勒雷达”。还有用来研究低空大气中层云、逆温、锋面等结构的声雷达；用来进行天文观察、气象探测的激光雷达等。邮票画面上即为安置在海岸岩石上的气象雷达，它面向大海，正在进行搜索工作。而岩壁上“备战、备荒、为人民”的巨幅标语，恰恰说明了气象观测对国家安全和建设的重要意义。

图5-3【天气预报】它是指对未来一定时期内天气变化的预报。根据天气图的分析，结合有关气象资料、地形及季节特点、群众经验等，综合研究后做出。就空间范围而言，有本地和区域两种；就时效长短而言，有短期（3天内）、中期（3至15天）、长期（15天以上）3种；按农业、渔业、航空、交通运输等生产部门的特点和需要，又有各种不同的专业天气预报。天气预报是气象为国防和国民经济建设服务的重要手段。邮票画面上即是两位气象工作者依据墙壁上的天气图进行天气预报的情景。

图5-4【气象哨组】邮票画面上就是居于山区的一个气象哨组进行物候观测的情景。头扎白羊肚手巾的一位老农，肩扛镢头，手搭凉棚，正在观察空中的飞鸟和流云；蹲在田垄里的女青年，观测着土壤的湿度和农作物的变化；而小学生正准备把看到的结果记录到小本上。他们的身后，还有一个气象观测站。图案表明科学与实践相结合的重要，寓意了我国气象工作的方向。

图5-5【人工消雹】邮票画面上正用排炮向雹云中发射炸药，以粉碎雹云，云开雹散。人工消雹显示了人类用先进手段征服自然的能力。

化学纤维

发行日期：1978. 6. 15

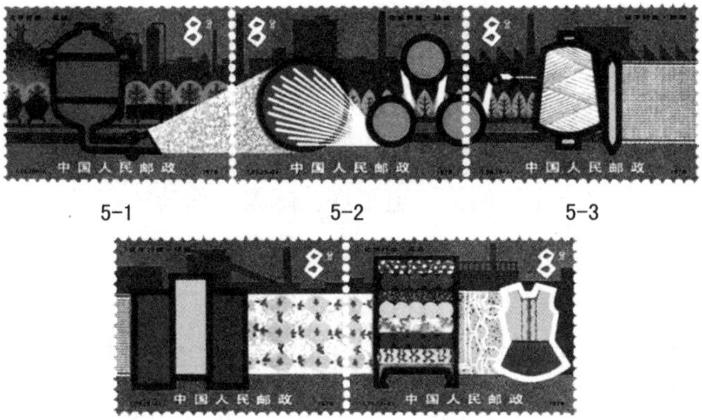

5-1　　5-2　　5-3

5-4　　5-5

（T25）

5-1 原料　8分　1500万枚

5-2 抽丝　8分　1500万枚

5-3 纺织　8分　1500万枚

5-4 印染　8分　1500万枚

5-5 成品　8分　1500万枚

邮票规格：40 mm × 30 mm

齿孔度数：11 × 11.5度

整张枚数：50枚（5枚横式联印）

版　别：影写版

设计者：吴建坤

印刷厂：北京邮票厂

全套面值：0.40元

知识百花园

这套《化学纤维》特种邮票，以现代化的化纤厂的剪影为背景，5枚邮票图案采取横幅联印形式，简明而概括地介绍了化学纤维纺织品的生产工艺流程。

邮票解析

图5-1【原料】化学纤维的原料是以煤、石油、天然气、某些农林产品合成的高分子化合物，它是化纤生产的第一道工序。邮票画面为一座聚合釜，原料在其中经过加热搅拌、过滤、脱泡后，即可进入下道抽丝工序。

图5-2【抽丝】抽丝又叫“纺丝”。它是将处理好的原料经溶解成溶液或熔化成熔体后，从喷丝头以细流形式喷出形成纤维的过程。喷丝头主要由耐腐蚀的金属制成的喷丝帽和喷丝板组成。湿法纺丝时，孔径一般为0.06～0.09毫米；熔法纺丝时，孔径一般为0.25毫米。喷出的细丝射入凝固液或空气中，即可形成纤维。邮票画面描绘了细丝束正源源不断地从喷丝头喷出的情景。

图5-3【纺织】经喷丝头喷出成形的化学纤维，绕成管纱、筒子、绞纱、丝饼等，这样便于运输、加工和储存。邮票画面为筒子状纤维卷装。进入织造工艺后，根据需要，分别加工成各种纱、丝、绳、织物等产品。

图5-4【印染】印染是指对纤维材料及其制品，经过练漂、染色、印花和整理等处理，制成印染品的整个加工过程，又叫染整。其作用是除去纤维材料中的杂质和色素，染出均匀而有一定坚牢度的色泽，印出色泽坚牢的花纹，改善外观和手感或赋予特种性质等。邮票画面描绘了化纤织物正进行染色、印花的工艺过程。

图5-5【成品】成品是化纤纺织的最后一道工序，即成品入库。邮票画面上通过琳琅满目的化纤产品，表现了化学纤维的广泛用途及化纤工业的灿烂前景。

钢铁工业

发行日期：1978.7.22

5-1

5-2

5-3

5-4

5-5

（T26）

5-1	炼焦	8分	1400万枚
5-2	炼铁	8分	1400万枚
5-3	炼钢	8分	1400万枚
5-4	轧钢	8分	1400万枚
5-5	成品	8分	1400万枚

邮票规格：62 mm × 26 mm
齿孔度数：11.5度
整张枚数：35枚
版　别：影写版
设计者：孙传哲
印刷厂：北京邮票厂
全套面值：0.40元

知识百花园

这套《钢铁工业》特种邮票，反映了钢铁生产的五个重要环节。

邮票解析

图5-1【炼焦】我国早在宋代便已使用焦炭炼铁了，在广东新会一处13世纪后期的古遗址中所出土的焦炭实物，便证明了这一点。焦炭是我国最早发明和使用的，欧洲人直到18世纪才解决了冶炼用焦问题，比我国晚了将近一个世纪。邮票画面为首都钢铁公司炼焦炉进行炼焦的情景。

图5-2【炼铁】炼铁原料为铁矿石，种类很多，全世界约有300多种。但最常见的有以下四种：一是磁铁矿，乌黑发亮，又硬又重，主要成分为Fe_3O_4，含铁量约60%，因其具有磁性，所以又叫“吸铁石”；二是赤铁矿，红中带紫，主要成分是Fe_2O_3，含铁量常在50%以上，是分布最广、储量最多，也最为重要的一种铁矿石；三是褐铁矿，红中带褐，主要成分也是Fe_2O_3，但它还含有其他一些杂质，含铁量较上述两种矿石少；四是菱铁矿，既硬又脆，多为黑色或灰色，主要成分是

$FeCO_3$，含铁量更少一些。铁矿石均为氧化物，炼铁就是在高炉（又叫炼铁炉）中把铁从氧化物中分离出来，这个过程又叫还原反应。邮票画面为马鞍山钢铁厂炉前出铁的壮观景象。

图5-3【炼钢】从高炉里炼出来的是生铁，含碳量在1.7%以上，质地极脆，易断裂破碎，有灰口铁和白口铁之分。灰口铁熔点较低，熔化后流动性好，可用来翻砂铸造成各种用品，且比较软，铸成的铁器可拿到机床上去加工；白口铁则硬、脆得多，不宜于进行翻砂铸造，也不能进行机械加工，只是用来作为炼钢炼熟铁的原料。邮票画面即描绘了上海钢铁厂利用转炉炼钢的加料过程。电炉它是以废钢做原料，利用电极加热使之熔化，去掉杂质的办法。电炉更容易控制，但成本较高，它适用于冶炼高级合金钢，如铬钢（不锈钢）、锰钢、钨钢、镍钢、硅钢（砂钢）、钒钢、钴钢、钼钢等。

图5-4【轧钢】轧钢是将铸好的钢锭，送到均热炉里加热，烧红的钢锭经过旋转轧辊变形，同时改变其性能。按轧制温度划分，可分为热轧和冷轧。按轧制方式分纵轧、横轧和斜轧。纵轧是轧件在两个平行排列而反向旋转的轧辊间变形，用于轧制板材、型材、钢轨等。横轧是轧件在两个平行排列而同向旋转的轧辊间变形，自身做旋转运动，用于轧制圆形截面的产品。斜轧是轧件在两个轴线互成一定角度而同向旋转的轧辊间变形，呈螺旋前进运动，故仅沿螺旋线受到加工，主要用于轧制管材、钢球等。邮票画面即为武汉钢铁厂轧钢的场面。随着操纵台前电钮的按动，钢锭正在经过轧辊反复轧制，最后送到飞剪下，被切成一段段可用来制作各种钢材的钢坯。

图5-5【成品】钢材成品是由钢锭或钢坯（半成品）再加工而成。品种通常可分为：型钢，即具有一定几何形状截面的钢材，如圆钢、方钢、扁钢、三角钢、六角钢、半圆钢、等边角钢、不等边角钢、T字钢、Z字钢、槽钢、工字钢、钢轨等；管材，即具有空心截面而长度远大于外径（或边长）的钢材，截面一般为圆形，但也可呈扁、方或异型等，它包括无缝钢管；线材，即直径或边长很小（如钢丝通常在9毫米以下）成卷的钢材，其截面有圆形、方形或异形。邮票画面为上海钢铁厂正利用桥式装卸机往火车上装运钢材的情景。

牧业学大寨　建设新牧区

发行日期：1978.6.30

3-1

3-2

3-3

（T27）

3-1 大搞草库伦建设	8分	1200万枚
3-2 科学养畜	8分	1200万枚
3-3 牧业机械化	8分	1200万枚

邮票规格：31 mm × 52 mm

齿孔度数：11.5度

整张枚数：40枚

版　别：影写版

设计者：程传理

印刷厂：北京邮票厂

全套面值：0.24元

知识百花园

畜牧业离不开牧草丰茂的草原。草原占据了世界陆地面积的五分之一以上。我国草原主要分布在内蒙古、新疆、青海、甘肃和西藏广大地区，是我国宝贵的天然大牧场，为畜牧业的发展提供了保障。其中，在珠穆朗玛峰北坡的高山草甸带，海拔在5000米左右，是世界上最高的天然牧场。新中国成立后，广大牧区的政治、经济和文化生活发生了巨大变化，牧业生产由原始、落后的状态，逐步代之以科学的选种、培育、饲养、管理及其他一系列先进的生产方式，使我国的畜牧业出现了一派兴旺发达景象。

这套《牧业学大寨　建设新牧区》特种邮票，以3幅画面，展示了我国牧区建设的新面貌。

邮票解析

图3-1【大搞草库伦建设】“草库伦”，蒙语为围起来的牧场之意，这是牧区建设的一项重要举措，即在水源比较充足的地区，把草地围起来，使牧草得以生长繁茂，让牲畜在全放牧期内能获得品质优良的青绿饲料。邮票画面以“牧业学大寨”为旗帜，“抓革命，促生产”为口号，描绘了羊群、马群遍布的草原上，牧民正在进行“草库伦”建设的景象。

图3-2【科学养畜】我国古代的相牛、相马，是根据家畜的外表形态，推断其健康、生产性能和遗传性等特性，以确定其育种价值或生产价值。目前常用的有肉眼鉴定、评分鉴定和体尺鉴定三种。邮票画面为老牧民正凭眼力观察，女牧民用尺丈量，另一位做着记录的情景。

图3-3【牧业机械化】剪羊毛、挤牛奶、杀猪、宰鸡鸭、割鹿茸等，变手工劳动为机械操作，是我国畜牧业发展的方向。邮票画面以藏族牧民使用剪毛机剪羊毛的场面，描绘了现代化机械设备给草原带来的欢乐，反映了牧区建设的新面貌。

水乡新貌

发行日期：1978. 11. 30

5-1　　5-2　　5-3　　5-4　　5-5

（T34）

5-1 机械插秧	8分	600万枚
5-2 喷灌	8分	600万枚
5-3 选种	8分	600万枚
5-4 五业兴旺	8分	600万枚
5-5 喜送公粮	8分	600万枚

邮票规格：31 mm × 52 mm

齿孔度数：11.5度

整张枚数：40枚（5枚横式联印）

版　别：影写版

设计者：程传理

印刷厂：北京邮票厂

全套面值：0.40元

知识百花园

这套《水乡新貌》特种邮票，描绘的是苏州西部太湖一带江南水乡的景色，浓缩于方寸之中，全套邮票采取5连张形式印制，以一幅色彩明丽的完整图画，展现了江南水乡蓬勃发展的农业面貌。

邮票解析

图5-1【机械插秧】邮票画面上，绿油油的禾苗，整齐而茁壮，两台插秧机在井然有序地忙碌着，画面左侧，有一行篆体题字："今日水乡分外娇。"

图5-2【喷灌】利用机械和动力设备，使水通过喷头（或喷嘴）射至空中，以雨滴状态降落田间的灌溉方法。具有节省水量，不破坏土壤结构，调节地面气候且不受地形限制等优点。邮票画面描绘的是利用固定式喷灌设备，正在进行灌溉的情景。

图5-3【选种】选育农作物新品种，保持品种纯度，提高种子品质，目的是为获取稳产高产。选种办法：一是片选，一般在作物生长后期至收获前，在种子田内拔除杂株劣株、染有病虫害和生长不良的植株，留下优良、统一的株穗，成熟后单收、单打、单藏；二是穗选，谷类作物种子成熟时，在田间选择大量优良单穗，带回室内复选后，将当选单穗脱粒、保存。邮票画面描绘了水乡农民及技术人员，正在种子田里进行良种片选的场面。

图5-4【五业兴旺】"以粮为纲，全面发展"是毛主席提出的发展我国农业的方针。它要求全国各地，根据国家计划，在抓紧粮食生产的同时，因地制宜，统筹兼顾，处理好农、林、牧、副、渔五业的关系，安排好粮、棉、油、麻、丝、茶、糖、菜、烟、果、药、杂等项生产的布局，以促进社会主义农业的全面发展。邮票画面描绘了水乡农民利用自然资源，使五业蓬勃发展，并呈现出一片兴旺发达的景象。

图5-5【喜送公粮】农民和农业生产单位每年都要向国家缴纳作为农业税的粮食，即是公粮。邮票画面描绘了满载粮食的船只，向国家粮库送粮的情景。

铁路建设

发行日期：1979.10.30

3-1

3-2

3-3

（T36）

3-1 电力机车	8分	750万枚
3-2 铁路新线	8分	750万枚
3-3 铁路大桥	8分	750万枚

邮票规格：40 mm × 30 mm

齿孔度数：11 × 11.5度

整张枚数：50枚

版　别：影雕版

设计者：姜伟杰、李庆发

雕刻者　李庆发、姜伟杰

印刷厂：北京邮票厂

全套面值：0.24元

知识百花园

1905年至1909年，詹天佑主持修建京张铁路，为中国铁路运输的发展，做出了杰出的贡献。新中国成立前，全国铁路仅有2万千米，能够维持通车的仅有1万千米（不含台湾地区铁路及森林、工业等专用铁路）。新中国成立后，国家致力修筑了许多条新的铁路线，路网规模有了长足发展，在世界屋脊修筑的西宁至拉萨的青藏铁路，铁路所经之地，海拔最高点达5000多米，最低点也有2200多米，成为目前世界上最高的铁路线。

邮票解析

图3-1【电力机车】电力机车是指用电力作为牵引动力的机车。我国第一条电气化铁路是1975年7月1日建成通车的陕西宝鸡至四川成都的宝成铁路，全线长676千米。邮票画面上即是一列客车在电力机车的牵引下，平稳而轻捷地穿越隧道的情景，列车上面只有作为接触网的导线，而不见往昔那蒸汽机车的滚滚浓烟，显示了电力牵引的优越。

图3-2【铁路新线】邮票画面上为四川成都至云南昆明的成昆铁路线上一座矩形墩悬空桥。这条铁路横跨金沙江，穿过大小凉山，飞越大渡河，连接云、贵、川三省，山高、谷深、流急，所经地质极为复杂。为纵贯我国西南、西北地区的交通大动脉。

图3-3【铁路大桥】邮票画面上，一列油罐列车正疾驶在1968年年底建成的南京长江大桥引桥上，其铁路桥长6772米，公路桥长4589米，为当时世界上最长的铁路、公路两用双层桥。

人民公社五业兴旺

发行日期：1979.8.10

5-1

5-2

5-3

5-4

5-5

（T39）

5-1 机械收割（农业）　　4分　　600万枚

5-2 植树造林（林业）　　8分　　1000万枚

5-3 水乡牧鸭（牧业）　　8分　　1000万枚

5-4 编织（副业） 8分 1000万枚

5-5 繁忙的渔港（渔业） 10分 400万枚

邮票规格：62 mm × 26 mm

齿孔度数：11.5度

整张枚数：35枚

版 别：影写版

设计者：邹建军

印刷厂：北京邮票厂

全套面值：0.38元

知识百花园

1978年，中国共产党在十一届三中全会上，把党和国家的工作中心转移到经济建设上来，开创了我国社会主义事业发展的新时期，实现了伟大的历史性转折。全会提出发展农业生产的一系列政策措施，其中包括人民公社、生产大队和生产队的所有权和自主权必须受到国家法律的切实保护，社员自留地、家庭副业和集市贸易是社会主义经济的必要补充部分，相应提高经济作物、畜产品、水产品、林产品作物的收购价格，使农村的农、林、牧、副、渔业全面发展。

邮票解析

图5-1【机械收割（农业）】邮票画面为农民驾驶联合收割机收获稻谷的劳动场面，表现我国农业机械化水平提高及农业生产的发展。

图5-2【植树造林（林业）】邮票画面为社员在崇山峻岭中植树造林的场面，表现我国林业的发展。

图5-3【水乡牧鸭（牧业）】邮票画面为江南水乡社员在水面上放牧鸭子的劳动场面，表现我国畜牧业的兴旺发达。

图5-4【编织（副业）】邮票画面为社员正在进行草编的劳动场面，表现我国农村副业生产的面貌。

图5-5【繁忙的渔港（渔业）】邮票画面为渔民从满载而归的渔船上卸鱼的场面，表现渔业的丰收及我国捕捞业的发展。

首都国际机场

发行日期：1980.6.20

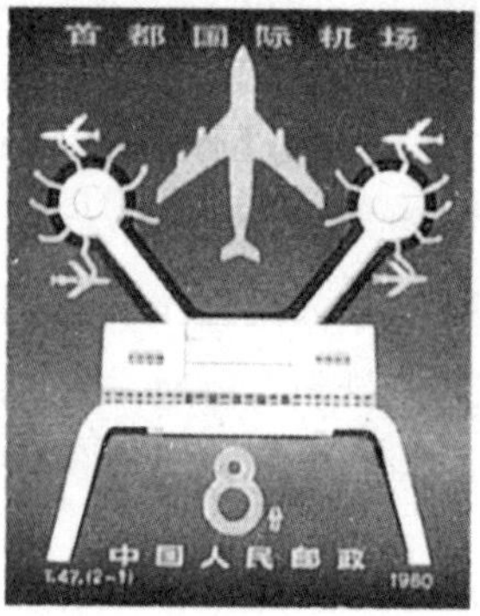

2-1

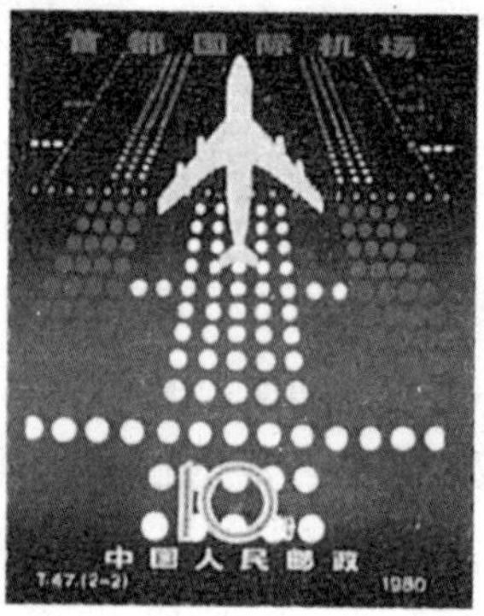

2-2

（T47）

2-1 机场大楼　　8分　　1000万枚

2-2 飞机跑道　　10分　　400万枚

邮票规格：31 mm×38.5 mm

齿孔度数：11.5度

整张枚数：50枚

版　别：影写版

设计者：吴建坤

印刷厂：北京邮票厂

全套面值：0.18元

知识百花园

首都国际机场位于北京市东北郊的顺义区境内，距市中心天安门的直线距离为25.2千米，其前身是首都机场。为适应国际通航和大型飞机起降的需要，1974年在原来的基础上进行扩建，1979年9月29日机场候机大楼及配套工程竣工，1980年元旦正式投入使用。机场建筑面积约20万平方米，是我国第一个具有世界水平的现代化机场。

邮票解析

图2-1【机场大楼】新候机楼包括主楼和两座用廊道连接的卫星厅组成。每个卫星厅周围有可供停放大、中型飞机的八个机位。候机楼建筑面积59500平方米，是按高峰时每小时1500人的流量设计的。楼前有可停放400辆小客车的停车场和宾馆等。新候机楼包括地下室和设备层共五层。主楼两侧有一层为贵宾休息和进出的专用服务设施。楼内有自动扶梯、候机桥等现代化设施，还有电报、电话、邮政、银行、出租汽车、行李寄存、问询、广播、飞行动态等旅客服务设施。候机楼采用现浇混凝土框架结构、钢屋架、筏形基础，是按预防八级地震强度设计的。建筑设计和装饰朴素、明朗。外墙和内厅室采用了中国传统建筑手法和富有浓厚民族色彩的大型壁画及磨漆画、彩墨画等美术作品。邮票画面采用俯瞰图把大楼主体及其前面的卫星厅和后面的行车道都收容进来。

图2-2【飞机跑道】该机场新建的西跑道长3200米，宽50米，厚38厘米，承受重量400吨。原有的东跑道，也加厚延长到3800米，宽60米，可承重500吨。两条跑道均可供目前世界上最大的波音747、DC-10、协和号等客机起降。跑道上布置了第一流的灯光助航设备，它是这个航空港的主要建设项目。当夜幕降临，四周一片漆黑，唯独跑道灯火辉煌，各种形状不同的灯，构成指示飞机起降的灯光带。邮票画面为跑道上空一架银色飞机在夜晚起航。

植树造林，绿化祖国

发行日期：1980. 3. 12

4-1

4-2

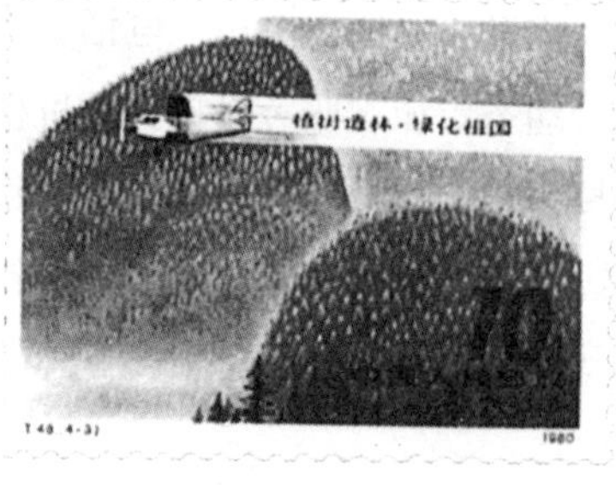

4-3

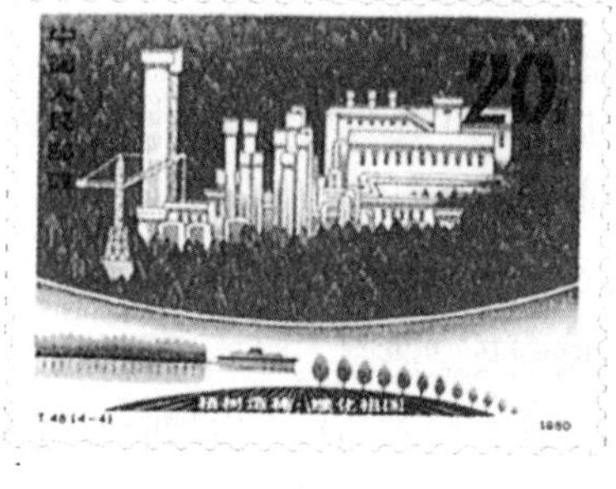

4-4

（T48）

4-1 经济林	4分	1000万枚
4-2 四旁绿化	8分	1500万枚
4-3 飞播造林	10分	500万枚
4-4 厂矿绿化	20分	500万枚

邮票规格：40 mm × 30 mm

齿孔度数　11 × 11.5度

整张枚数：50枚

版　别：影雕版

设计者：邵柏林

雕刻者：孙鸿年、阎炳武、李庆发、赵顺义

印刷厂：北京邮票厂

全套面值：0.42元

知识百花园

1915年7月13日，是我国最早的植树节。1929年又改为3月12日，1979年全国人大常委会正式确定这一天为我国的植树节。

正值新中国第二个植树节时，邮电部发行这套《植树造林，绿化祖国》特种邮票，共4枚，这是新中国成立后第一套“植树造林”专题邮票，其意义十分重大。

邮票解析

图4-1【经济林】经济林又叫“特用林”或“特用经济林”，它是利用木材以外的其他林产品。邮票画面为在环形的梯田上，排排经济林树干挺拔，枝叶茂盛，橘黄色的果实掩映在碧绿的叶片间，一片生机，一片绿意。

图4-2【四旁绿化】四旁绿化指在住宅、村落、道路、湖海江河之旁，有计划地种植适宜的经济林木及其他树木。邮票画面为一条分上下行线的公路，大道两旁，林海连绵，空气格外清新纯净。几辆卡车满载树苗向远方驶去，以扩大植树成果，充分体现了绿满山河的主题。

图4-3【飞播造林】飞播造林称“飞机播种造林”。在我国广阔的西北、西南等地区经常采用。邮票画面为一架播种飞机，正飞临沟沟岭岭撒播树种，进行大面积造林的景象。

图4-4【厂矿绿化】厂矿绿化，能够防止粉尘飞扬，有害气体弥漫，改善工作劳动条件，保护职工身心健康。邮票画面为工厂园林化的景象。

邮政运输

发行日期：1980. 3. 20

4-1

4-2

4-3

4-4

（T49）

4-1	水路邮运	2分	600万枚
4-2	汽车邮运	4分	600万枚
4-3	火车邮运	8分	600万枚
4-4	航空邮运	10分	600万枚

邮票规格：54 mm × 20 mm

齿孔度数：11度

整张枚数：60枚

版　别：影写版（加磷光条杠）

设计者：李印清

印刷厂：北京邮票厂

全套面值：0.24元

知识百花园

为了适应信件自动分拣的需要，邮电部发行这套《邮政运输》磷光邮票共4枚。

我国发行的这套磷光邮票，采用同一种波长磷光粉印制磷光条杠：本市面值4分印2条，外埠面值8分印4条，航空面值1角印5条，另外，还有面值2分的一枚印1条，以同其他邮票搭配使用。印制方法是把有机磷光粉制成影写版油墨，采用照相凹版印刷，磷光条杠印在邮票图案表面。当贴有磷光邮票的信件进入信函自动分拣机时，在机器内部的紫外灯照射下，发出的磷光被探测器识别，随即控制机器装置，把杂乱颠倒的信件分理整齐，文字地址方向一致，然后根据条杠区分出本市、外埠、航空类别，并自动盖上戳记，用机器自动分拣，快速、准确，代替了烦琐的手工劳动，是邮政机械化的发展方向。这套邮票是我国发行的第一套磷光邮票。

邮票解析

图4-1【水路邮运】邮票画面上为航行着的“鸿雁1号”邮轮。我国的邮轮均以“鸿雁”命名：鸿雁1、2号为国产500吨级北方型沿海货轮；鸿雁3、4号为引进国外二手设备的3000吨级集装箱和干杂货两用货轮；鸿雁5、6号为国产千吨级的集装箱专用邮轮。它们都是邮电部邮政运输局大连水运分局的自备邮政运输船。为这6艘邮轮提供服务的邮港位于大连港西侧香炉礁的磁平湾，简称大连邮政港，那里有我国目前最大的邮件运输专用码头。1991年12月24日正式开港。

图4-2【汽车邮运】汽车代替了邮递马车，机动、灵活、平稳、快捷，特别是输送那些邮政重件更有其实际意义。世界各地都在广泛应用它，直至今日。邮票图案即为一辆满载邮件的邮政汽车，行驶在笔直宽阔的公路上，把信息送到千家万户。

图4-3【火车邮运】铁路邮运速度快，运量大，运输成本低，逐渐为各国采用，许多铁路枢纽也成为邮件分拣封发和转运中心。我国铁路干线上都配备有邮政车厢，近年来还利用集装箱运大宗邮件，铁路邮运量占全国邮件运输总量的80%以上。火车作为现代化重要交通和邮运工具，常常出现在各国的邮票图案上。1871年秘鲁发行的纪念南美第一条铁路建成20周年邮票，是世界上第一枚火车邮政纪念邮票。我国发行的这枚邮票，主图为附挂在旅客列车上的邮政车，正奔驰在铁路干线上。

图4-4【航空邮运】飞机邮运早已成为世界各国邮政运输的重要手段。其速度之快，是陆地上的汽车、火车以及江河湖海中的船只不可比拟的。但是在飞机诞生之前，人们在空中通道使用的是气球和飞艇。气球正式应用于有组织的邮政运输是1859年美国人约翰·贝斯驾驶“木星”号气球，自印第安纳州拉斐特至纽约实现的。为此，当地邮局曾在《信使晚报》上刊登广告，公布气球携带邮件起飞的时间，请用户贴足邮票，并在信封上注明“由气球经转”。结果有123封信和23件邮寄广告登上当时世界上最时髦的飞行器。“木星”号起飞后，由于天空无风，飘行速度很慢，随带的煤气不够用，经过4个半小时，降落在印第安纳州的克劳福兹维尔附近，然后再将邮件交火车运往纽约。1959年美国曾为此发行纪念邮票一枚，以纪念“木星”号首航100周年。1883年法国蒂桑迪埃兄弟首制成功。1898年德国齐柏林制造了大型铝质硬壳飞艇，能做长距离航行。它载运客货，携带邮件，在目的地上空，将特制的系着长长彩色飘带的邮袋投下来，袋上用各国文字注明：请捡到者立即把它送到最近的邮局。信件的盖销手续是在着陆后由当地邮局处理的。1921年齐柏林飞艇还进行了一次环球飞行，历时20天，对现代航空运输进行了探索。1903年美国的莱特兄弟研制成功第一架有动力飞机后，飞机制造业发展极快。1917年5月22日意大利邮政局首次在罗马——都灵之间试验航空运邮成功，以后航空邮运便成为邮运的手段。1918年美国开辟华盛顿——纽约之间的定期邮政航线。1921年中国首次开办航空邮政业务。新中国成立后，20世纪90年代正式成立了中国邮政航空运输公司。邮票画面上，一架涂有我国国旗的三叉戟飞机，正凌空翱翔在预定航线上。

矿　物

发行日期：1982.8.25

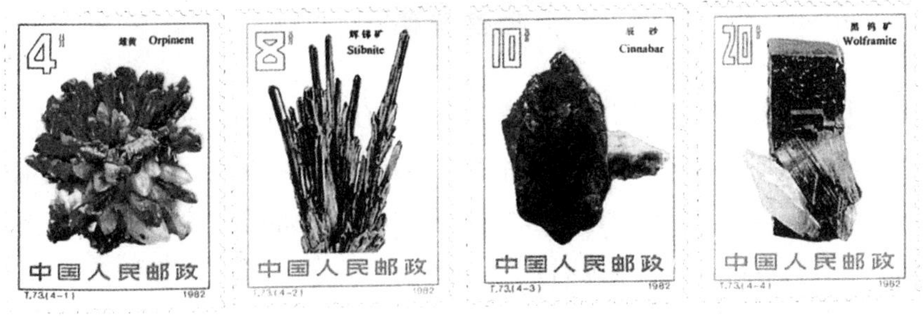

4-1　　4-2　　4-3　　4-4

（T73）

4-1 雌黄	4分	539.66万枚
4-2 辉锑矿	8分	1440.16万枚
4-3 辰砂	10分	545.66万枚
4-4 黑钨矿	20分	510.16万枚

邮票规格：30 mm×40 mm

齿孔度数：11.5×11度

整张枚数：50枚

版　别：影写版

设计者：许彦博

印刷厂：北京邮票厂

全套面值：0.42元

知识百花园

矿物是地壳中的各种化学组分在地质作用下的天然产物，是构成地壳岩石的物质基础。现代科学研究发现，陨石和月岩的物质成分大多与地球中的矿物完全相同，仅有少数在地壳中尚未发现。因此，可以断定，矿物已不仅仅是地质作用的产物。目前，人类已知的矿物有3000多种，常见的有300多种，肉眼可以鉴别的有几十种。

值此中国地质学会成立60周年之际，邮电部发行这套《矿物》特种邮票。4枚图案内容均为我国产量最丰、利用最早的矿物。

邮票解析

图4-1【雌黄】雌黄为柠檬黄色或金黄色，有时微带浅褐色，单斜晶系。晶体呈柱状，集合体则呈板状、短柱状。半透明，并有珍珠状光泽，乍看宛如艳丽夺目的花朵。硬度很低，为1～2；比重3.4～3.5。为电和热的不良导体。主要由低温热液作用形成，也有由升华凝结或温泉沉淀而成。

图4-2【辉锑矿】辉锑矿呈铅灰色至钢灰色，斜方晶系。晶体多呈长柱状，集合体呈束状或针状。柱面上有纵纹，颜色较暗。具解理，解理面上有横的聚片双晶纹，有金属光泽。硬度较低，为2～2.5；比重4.5～4.6；性脆，产于低温热液矿床。我国以湖南锡矿山的锑矿较著名。

图4-3【辰砂】辰砂色鲜红或暗红，三方晶系。晶体多呈柱状或厚板状，集合体则呈粒状、块粒或土状。半透明，具金刚光泽。硬度较低，为2～2.5；比重较大，为8.09～8.20；性脆，具解理。我国古称朱砂、丹砂，因自宋代以后主要市场在辰州，故得名。产于低温热液矿床，残积或冲积层中也可见，并常与辉锑矿等共生。

图4-4【黑钨矿】黑钨矿又称钨锰铁矿，褐玉黑色，单斜晶系。晶体常呈厚板状，有时呈柱状，晶面上有纵纹，半金属光泽。硬度中等，为4.5～5.5；比重6.7～7.5；性脆，为高温热液成因。因此，钨广泛应用于高速切削工具、枪炮管、装甲钢板、喷气飞机引擎、钟表等。钨和其他金属的合金常用于汽车、航空工业、火箭的固体燃料喷管和火箭发动机及喷嘴。金属钨广泛用于制灯丝、电器工业上的电器开关、X射线管及制酸、造纸工业机械。有些钨化合物可制染料、油漆和化学试剂等。